INTOXICACIÓN DIGITAL

AUGUSTO CURY

INTOXICACIÓN DIGITAL

CÓMO ENFRENTAR EL MAL DEL MILENIO

Por qué estamos en la era de los mendigos emocionales y de las cárceles mentales

OCEANO

INTOXICACIÓN DIGITAL
Cómo enfrentar el mal del milenio

Título original: INTOXICAÇÃO DIGITAL. COMO COMBATER O MAL DO MILÊNIO

Traducción: Pilar Obón

Diseño de portada: Rafael Brum Design Gráfico
Fotografía del autor: © Instituto Academia de Inteligência

D.R. © 2024, Editorial Océano de México, S.A. de C.V.
Guillermo Barroso 17-5, Col. Industrial Las Armas
Tlalnepantla de Baz, 54080, Estado de México
info@oceano.com.mx
www.oceano.mx

Primera edición en Océano: 2024

ISBN: 978-607-557-885-9

Impreso en México / Printed in Mexico

La vida es bella y breve como gotas de rocío que por instantes aparecen y después se disipan con los primeros rayos solares del tiempo. Por ser tan bella y tan breve, deberíamos vivirla con inteligencia y placer. Pero, por desgracia, estamos en la era de la intoxicación digital, en la que padres e hijos, maestros y alumnos, parejas y compañeros de trabajo están absortos en sus dispositivos.

Deseo que, con la lectura de esta obra, puedas enamorarte de la vida y crear una historia de amor con tu salud emocional y la de quienes te rodean.

Entenderás que el amor comienza por la emoción y sólo puede continuar si hay admiración. Para ser alguien admirable, cambia de la era del señalamiento de errores a la era de la celebración de los aciertos, baja tu tono de voz cuando alguien eleva el suyo, da muchos más elogios que críticas, exígete menos a ti mismo y a los demás, duda de todo lo que te controla, pues la mente "miente", y entrénate todos los días para gestionar tu emoción y contempla la belleza para hacer de tu historia un espectáculo de placer en lugar de estrés.

Y en ese espectáculo, las verdaderas celebridades no son los influencers digitales, sino tus hijos, tus padres, tu pareja, tus alumnos, tus compañeros de trabajo. A pesar de los defectos, de ellos y tuyos, cada ser humano es único e irrepetible. Te deseo que disfrutes la lectura del libro Intoxicación digital: cómo enfrentar el mal del milenio. *TENGO LA CERTEZA DE QUE NUNCA VOLVERÁS A SER EL MISMO.*

Augusto Cury

Índice

Capítulo 1

LA MENTE, UN PLANETA DESCONOCIDO

Cuando era preadolescente, miraba el cielo nocturno y me sentía conmovido al ver miles de estrellas brillantes. ¿Qué es este universo?, me preguntaba. Era un mundo desconocido, fascinante y misterioso. No tenía idea de que, en una noche de cielo diáfano, con una luna menguante y desprovisto de nubes, era posible observar a simple vista cerca de 4,500 estrellas, pero no al mismo tiempo. Tampoco sabía que estaba observando principalmente la Vía Láctea, una de los cientos de miles de millones de galaxias en el Universo, y que cada una contenía miles de millones de estrellas y planetas.

Mis conflictos parecían grandes en este planeta azul, pero al ver el Universo eran tan pequeños.

Luego me sentí aún más diminuto al saber que probablemente haya en el Universo observable más de diez sextillones de estrellas, unas menores y otras miles de veces más grandes que el tamaño de nuestro famoso sol. Si contaras las estrellas del Universo, una a una y lo más rápido que pudieras, necesitarías miles de años para hacerlo.

Un cúmulo de preguntas sin respuesta albergaba mi mente. Diariamente me cuestionaba: ¿quién soy?, ¿qué es la vida?, ¿cómo puedo estar seguro de que existo?, ¿qué es la existencia?, ¿cómo surgió?, ¿el Universo tiene límites?, ¿cuál es el comienzo de todo?, ¿qué es el tiempo?, ¿cómo logro pensar?, ¿todo tiene un principio y un fin? Las preguntas nunca dejaban de fluir a raudales. A lo largo de los años y décadas, formaron parte del diccionario de mi historia, como estudiante, como médico psiquiatra, como pensador y constructor del conocimiento sobre el área más compleja de la ciencia: el proceso de construcción de pensamientos, pues toda ciencia y todas las relaciones dependen de los pensamientos para existir.

Muchos aman las respuestas, pero para ser un pensador tienes que amar las preguntas.

Las respuestas reconfortan y, aunque sean superficiales, causan menos estrés en el cerebro humano; por eso, en la educación de todos los países del mundo, en el ámbito político y hasta en las religiones se dan respuestas ya preparadas, dogmas o verdades científicas, sin comprender que las respuestas fabricadas generan radicalismos y muchas verdades científicas caen por tierra cada diez años.

Pero en mi juventud todavía no había descubierto la complejidad de la psique humana. No me daba cuenta de que, cuando una persona estaba triste, angustiada, deprimida, su dolor era tan grande que parecía que todo el Universo estaba sufriendo. ¿Por qué? Porque el dolor de un ser humano es el único dolor que realmente logra sentir. Pero ¿no sentimos el dolor ajeno? ¡No! Sólo podemos tener una dimensión del dolor del otro si nos entrenamos para vaciarnos de nuestro ego, prejuicios e inmediatez, y nos ponemos en su lugar. Por eso, si un psiquiatra, psicólogo, padre, maestro, no se vacía de sí mismo cree comprender y hablar de la otra persona, sea quien sea, pero en el fondo está hablando de sí mismo.

La gran mayoría de los seres humanos de todos los pueblos no hace este entrenamiento. Por eso, dar consejos superficiales a quien está en crisis, estresado, tenso, descontrolado, tales como "mira hacia atrás", "hay gente que está sufriendo más que tú", "¡si todos los problemas fueran así!", no funciona y con frecuencia hace más profundo el dolor de los demás. Intenta cambiar de estrategia de esta forma: "el dolor que estás sintiendo es sólo tuyo y debe ser intenso, no puedo sentirlo, pero confío en tu capacidad para ser líder de ti mismo y reinventarte".

No hay manera de ayudar al otro sin ser empático y sin estimular su capacidad de pensar con elegancia.

Dar respuestas rápidas y señalar los errores es algo desastroso.

Nuestra mente tiene más secretos que el Universo físico. Por ejemplo, un agujero negro succiona planetas y estrellas enteros debido a su potente gravedad; del mismo modo, una ventana traumática o *killer* en nuestro cerebro, que propicia una crisis de ansiedad o un ataque de pánico, puede cerrar el circuito de la memoria y "succionar" la capacidad de pensar críticamente, de ponerse en el lugar de los demás y de dar respuestas inteligentes a los factores de estrés. Por eso, en los primeros treinta segundos de tensión, decimos palabras que jamás deberíamos haber expresado a quienes amamos, como "me decepcionas", "no vas a hacer nada en la vida", "vete de aquí, que me estás confundiendo", que son palabras irrespetuosas y crueles.

Otro ejemplo sobre la complejidad de la mente humana: en el mundo físico, nada supera la velocidad de la luz, cerca de los 300 mil km/s. Pero en nuestro pensamiento rebasamos la velocidad de la luz, podemos dar vueltas en las galaxias en una fracción de segundo, aunque sea en la imaginación. En el mundo físico, para erigir los más grandes edificios del mundo, como el Burj Khalifa (Dubái), Shanghai Tower (China), Makkah Clock Royal Tower (Arabia Saudita) tuvieron que pasar años para desarrollar el proyecto y colocar los materiales, pero en tu mente puedes construir edificios varias veces más altos, puedes incluso crear planetas y estrellas en fracciones de tiempo, aunque sea en la esfera de la virtualidad.

La mente humana tiene una plasticidad constructiva y una libertad creativa sin precedentes, no se compara con el mundo físico-químico. Por eso no necesitas ver una película de terror para atemorizarte, basta con no gestionar tu mente para perturbarte con tus propios pensamientos, que fluyen en un proceso continuo y no autorizado por tu Yo o tu voluntad consciente. Puedes mirar el Universo a través de las lentes de los telescopios Hubble o James Webb y quedar sorprendido con la telaraña de misterios que lo rodea, pero si entrenas a tu Yo para observar el universo de la mente humana, de tu intelecto, quedarás tal vez más sorprendido todavía. ¿Cómo puedes entrar en tu memoria a una velocidad asombrosa y a oscuras, y entender cada palabra o cada verbo en estos textos? Si tenemos tiempo para sumergirnos en las entrañas de nuestra mente, comprenderemos que somos unos niños en el teatro de la existencia, que entendemos mucho sobre los secretos del átomo y los misterios del espacio, pero sabemos muy poco sobre nosotros mismos...

Y dado que sabemos muy poco sobre nosotros mismos, no entendemos que estamos en la era de la intoxicación digital, de la enfermedad emocional y de los mendigos emocionales...

El insondable planeta mente

Una crisis depresiva y existencial profunda me quebrantó tanto, me deconstruyó a tal punto que me embarqué en un viaje que jamás había estado previsto en mi currículo como joven sociable, seguro de sí mismo y osado: una jornada interior. Bombardeándome con preguntas, descubrí lo que raras personas encuentran a lo largo de su historia: que sabía muy poco acerca de quién soy. ¿Tú sabes quién eres? Tal vez conozcas un poco sobre tus rasgos de personalidad más evidentes, tus miedos o inseguridades, tu generosidad o egoísmo, tu empatía o individualismo, tu sociabilidad o timidez, o la mezcla de esas características en los más diversos focos de tensión. Pero eso sólo constituye el barniz de lo que somos. ¿Cómo se forman el placer y el dolor, no tanto desde el punto de vista biológico, sino desde el ángulo de las relaciones intrapsíquicas e interpersonales? ¿Por qué en algunos momentos nos sentimos felices sin gran motivo, y en otros, en los que tenemos notables motivos para estar rebosantes de placer, sentimos ansiedad? ¿Cuál es la naturaleza de los pensamientos y las emociones? ¿Qué fenómenos los tejen? ¿Cuál es el sistema de relación entre pensamientos y emociones? ¿Todo lo que piensas sobre ti es lo que eres, o existe un sistema de encadenamiento distorsionado que contamina la imagen que tienes de ti?

Podemos plantear millones de preguntas sobre el planeta mente y, cuanto más las formulamos, más nos damos cuenta de que somos inmigrantes en este planeta, nos sentimos solos, abandonados e indefensos. Las personas radicales distorsionan mucho lo que son, desconocen su propia pequeñez y fragilidad y, aún más, sus fluctuaciones emocionales. Los egocéntricos y los egoístas le rinden culto a su ego, son torpes candidatos a dioses, pero en el fondo son inseguros, están perturbados por sus fantasmas mentales, son niños jugando a ser adultos.

Los tímidos, al contrario, se minimizan, se empequeñecen de manera cruel, no han descubierto la complejidad de su intelecto, su inagotable capacidad de entrar en la memoria y crear pensamientos en milésimas de segundo, y porque son tan fascinantes, jamás deberían inclinarse ante su equipo de trabajo, una reunión o una celebridad. Forasteros en el planeta mente, eso es lo que más somos. Y en la era digital, intoxicados por la exteriorización, somos todavía más desconocidos para nosotros mismos.

¿Qué mundo mental es éste que no controlamos, en donde los generales pueden sentirse soldados rasos, los billonarios pueden convertirse en mendigos emocionales, las celebridades pueden estar notoriamente solitarias y los *influencers* digitales, tan libres e insolentes, pueden volverse grandes prisioneros? A lo largo de más de treinta años, procuré entender ese mundo, no sólo como psiquiatra y psicoterapeuta, sino también, y principalmente, como generador de conocimiento, como un viajero que hace análisis detallados del universo intangible de los pensamientos, de las emociones, de la memoria, del proceso de interpretación, del funcionamiento de la mente humana. En un país que no valora a sus científicos, eso parecía una locura.

Una vez llegué a una mesa redonda donde había algunos amigos y otros desconocidos. De repente escuché a un intelectual —al que no conocía— diciendo que cierto autor producía un conocimiento tan complejo sobre la construcción de pensamientos que tal vez sólo lo entenderían dentro de un siglo. Y mencionó el nombre del autor, refiriéndose a mí, sin saber que yo estaba presente, pues, como rara vez doy entrevistas, no me reconoció. Fue interesante. Cuando cité algunos elementos de la construcción de pensamientos que ocurren en diminutas fracciones de segundo y comenté sobre otros aspectos del mundo intangible que nos convierten en *Homo sapiens*, la única especie que piensa y es consciente de que piensa, el hombre quedó impresionado. Y preguntó: "Pero ¿usted conoce a Augusto Cury?".

Con humildad hablé. "Sí, soy yo." Él se impresionó, y de ahí nació una amistad. De hecho, tuve el privilegio, el atrevimiento y hasta la ingenuidad (digo ingenuidad, pues no sabía de los inmensos obstáculos que enfrentaría) de desarrollar una de las raras teorías en el mundo sobre el proceso de construcción del Yo, el desarrollo de la personalidad, la evolución y el registro de la memoria, y, en especial, sobre el proceso de construcción de pensamientos, que probablemente sea la última frontera de la ciencia, el objeto de estudio científico más intrincado y el fenómeno más complejo no sólo del planeta mente, sino también, muy probablemente, de todo el Universo. ¿Por qué creo que la construcción de pensamientos es la última frontera de la ciencia?

Porque los pensamientos son la materia prima fundamental y esencial de todo lo que construimos, percibimos, tomamos conciencia, conocemos y cómo nos relacionamos.

Sin el universo de los pensamientos no existiríamos nosotros mismos, seríamos trillones de células agrupadas en un cuerpo que vagaría solitario por el teatro de la existencia. Sin la construcción de pensamientos no habría investigación científica, elaboración de hipótesis, postulados, predicciones y todo el conocimiento que da estructura a la ciencia. Los fenómenos físicos y sus sistemas de relaciones existen sin los pensamientos, pero es por medio de las matrices de los pensamientos que salen del completo anonimato y alcanzan el escenario de la intelectualidad.

Las artes plásticas, la escultura, la arquitectura, la danza, el teatro se crean mediante el arte del análisis, la capacidad de reinventarse, dudar y dar respuestas innovadoras, sensibles y subliminales, que en teoría son matrices de pensamientos.

Al estudiar y describir la ética, la estética, la metafísica, los principios sociopolíticos, la filosofía existe sólo porque el ser humano construyó esos conocimientos. Igualmente, las riquísimas y a veces turbulentas relaciones entre parejas, padres e hijos, maestro y alumno, así como entre amigos y del ser humano consigo mismo —las cuales conforman la identidad y expresividad de los rasgos de la personalidad como timidez, osadía, empatía, egoísmo, resiliencia, debilidad— se guían por los pensamientos.

La era de la intoxicación digital: descontrol de los padres y manipulación de los hijos

No obstante, podríamos preguntar: ¿por lo menos la emocionalidad quedó fuera de la influencia de los pensamientos? No, no lo hizo. ¡La emoción depende completamente de los pensamientos para expresarse, enfocarse, entrelazarse, envolverse! Tú no puedes amar si no es por medio de los pensamientos, pues sin tu intelectualidad no podrías identificar el objeto amado, tus hijos, tu esposa, tu marido y, si tienes una religión, tu Dios. Del mismo modo, no puedes odiar y excluir si no es por medio de las sofisticadas matrices de los pensamientos que envuelven, canalizan y distribuyen la emoción del odio y la actitud de exclusión social.

Todo proceso de interpretación depende no sólo de la emoción involucrada, sino también del proceso de construcción de pensamientos entrelazados. Interpretar es distorsionar la realidad, si bien de manera imperceptible, y nunca reflejar la verdad del objeto estudiado. ¿Por qué? Porque el acto de interpretación involucra múltiples variables simultáneas: quién soy (identidad y capacidad de construir pensamientos), cómo estoy (estado emocional; por ejemplo, si estás alegre, triste, motivado, deprimido), dónde estoy (ambiente social; por ejemplo, acogedor, opresor), etcétera. El proceso de interpretación es tan sofisticado y susceptible a las contaminaciones que pequeños estímulos estresantes, como un tono de voz más enfático o una crítica constructiva, pueden sentirse de manera sobredimensionada, como una agresión o una crítica destructiva.

La era digital es aquella en que la emoción enfermiza domina al Yo, y el Yo no gestiona la emoción.

Si ponemos a la emoción —una niña, en realidad un bebé— a conducir el vehículo mental, los accidentes graves serán inevitables, pues la emoción nunca madura, quien madura es el Yo. Si el Yo no diera un golpe de lucidez al proceso de construcción de pensamientos, se contaminará la interpretación. En la era de la intoxicación digital se agigantaron las distorsiones del proceso de interpretación. La intoxicación digital trajo consigo "eras" enfermizas dentro de la mente del usuario: la era de la comparación de un ser humano con otro, la era de la necesidad neurótica de poder, la era de la necesidad ansiosa de cobrar notoriedad social, la era de la felicidad irreal. Cuando utilizo la palabra "era" quiero poner énfasis en la saturación de la corteza cerebral con datos e informaciones que intoxican la emocionalidad y la intelectualidad.

Sin querer entrar mucho en detalles en este momento, cada vez que nuestra mente se satura de información, el riesgo de generar el síndrome del pensamiento acelerado es alto, y ese síndrome impulsa la intoxicación digital, llevando al Yo, como piloto de la aeronave mental, a tener dificultades para tomar decisiones, trabajar las pérdidas, elaborar análisis, tener consciencia crítica. Las mentes aceleradas generan mentes comparativas que provocan la pérdida de autonomía. Nos volvemos pilotos incompetentes del proceso de interpretación. Un elogio puede sentirse como una burla; una burla, como un elogio. Vivimos en la era de las distorsiones.

Los padres están desesperados por las distorsiones de los hijos, que se convirtieron en verdaderos maestros en el arte de manipular a sus padres, pero no por culpa de ellos, sino de sus propios progenitores. M. L., una madre de treinta y nueve años, lloraba mucho. ¿El motivo? Se sentía completamente perdida en el proceso de educar a Lucas (nombre ficticio), su hijo de siete años. Lucas siempre entendía "equivocadamente" las intenciones de su madre. Si ella decía un no, parecía que ella lo odiaba. Si M. L. posponía la compra de unos tenis o una prenda de ropa, Lucas decía: "¡Tú no me amas, me estás abandonando!". Lejos de la madre, el niño tenía un autocontrol razonable; cerca de la madre hacía berrinches, gritaba, chantajeaba, tenía actitudes inmaduras respecto de su edad biológica. La madre entraba en un estado de shock, se sentía la peor madre del mundo y muy avergonzada ante sus amigas. Si ella regulaba el uso del celular, la casa se derrumbaba. Lucas estaba conectado más de cuatro horas al día. La madre reaccionaba sin gestión de la emoción; al contrario, se guiaba a partir del trinomio explosión-culpa-sobreprotección. Cuando M. L.

ya no soportaba el comportamiento de Lucas, explotaba, decía que era infeliz, que su hijo era un rebelde, que no lograría ser alguien en la vida. Después, detonaba el gatillo cerebral, abría una ventana killer de culpa y se abatía. La madre fue demasiado lejos: habló, exageró, ahora sentía un arrepentimiento brutal acompañado de sobreprotección. ¿El resultado? El hijo aprendió a manipular a la madre. ¿Otro resultado del trinomio explosión-culpa-sobreprotección? Una equivocación más: Lucas fue diagnosticado con TOD (trastorno de oposición desafiante).

La industria de los diagnósticos es un problema.

Los diagnósticos jamás deben etiquetar a un paciente; sólo sirven para guiar la conducta del psiquiatra o psicólogo.

Un psiquiatra o psicólogo pueden incluso dar ese diagnóstico, pero no deben utilizarlo para encasillar a los pacientes. Deben saber que el TOD es un síntoma y no una enfermedad, una reacción multifocal del trinomio explosión-culpa-sobreprotección, que causa que los hijos aprendan a manipular a los padres con maestría, confrontándolos agresivamente, desafiándolos continuamente, pues en el fondo saben que sus padres caerán en el terreno de la culpa y cederán.

Las técnicas de gestión de la emoción son fundamentales para formar mentes autónomas, líderes de sí mismas, creativamente libres y emocionalmente saludables. En primer lugar, los padres deben aprender a explicar los "no" con educación y suavidad, y deben ser estables, no objetos de chantaje para los hijos. Límites son límites. Los berrinches, manipulaciones, reacciones descontroladas de los hijos forman parte de la vida cotidiana de la educación. Los hijos normales manifiestan esas reacciones, pero si los padres tienen miedo del comportamiento de sus hijos, reaccionarán con el peligroso trinomio explosión-culpa-sobreprotección, y desencadenarán en los hijos reacciones desproporcionadas y descontroladas. Abandonen la escena. No se conviertan en audiencia. Millones de padres son espectadores de los comportamientos volubles de sus hijos. Grábense esto:

Los "padres-audiencia" estimulan a sus hijos a dar el espectáculo de los berrinches.

En segundo lugar, los padres, al criticar a un hijo, deben elogiarlo antes de señalar la falla. Los padres que señalan los errores asfixian la mente de los hijos. Los padres que los exaltan, incluso cuando se equivocan, y enseguida los corrigen con generosidad y autoridad construirán plataformas de ventanas *light* (saludables) en la memoria de sus hijos, creando admiración y respeto. Hay otras herramientas que citaré sin darles un orden de importancia, y que discutiré a lo largo de esta obra. Por ejemplo, los padres brillantes

—en vez de ser críticos, con tendencia a perder la paciencia, a comparar a un niño con otro, a presionar— deberían tener como meta fundamental entrenar y educar a sus hijos en las más nobles técnicas del programa de gestión de la emoción, como *1*) transferir el capital de las experiencias o dar lo que el dinero no puede comprar; *2*) enseñar la gestión de los pensamientos; *3*) ser administradores de los pensamientos; *4*) ser un filtro de estímulos estresantes. Más adelante explicaré esas poderosas herramientas. Ellas pueden anunciar una nueva jornada hacia una emoción saludable y una felicidad sostenible. Además, los padres deben poner límites al tiempo que dedican a los dispositivos digitales y discutir con sus hijos acerca de la felicidad artificial y el éxito superficial de las redes sociales. Prohibir por prohibir genera fascinación, es un desastre emocional. Lo mismo poner límites por ponerlos con el fin de mantener la autoridad. Los límites deben trazarse claramente, pero con inteligencia, no con violencia.

Bienvenidos a la era de la conspiración

La aparición de un virus puede percibirse como una conspiración mundial; una caída del dólar o una crisis inflacionaria pueden ser interpretadas como el comienzo del apocalipsis. El ser humano siempre fantaseó sobre lo desconocido, pero en la era de internet ha multiplicado por mil su capacidad imaginativa, pero no para bien o para dar respuestas lúcidas o para reinventarse, sino para temer e incluso autodestruirse. Bienvenidos a la era de la conspiración, fortalecida por la era de la intoxicación digital. Bienvenidos a la era en que el Yo distorsiona las interpretaciones a tal punto que se convierte en un notable director o guionista de películas de terror.

Sin los pensamientos, la emoción nos vuelve seres inconscientes, sin historia, evolución consciente, identidad social. La emocionalidad sin la intelectualidad nos volverá eternamente solitarios, sin saber quiénes somos o qué sentimos, cuáles son nuestros roles sociales, propósitos de vida, sentido existencial. Un ser humano podría incluso estar deprimido pero, al no tener un Yo consciente de sí mismo y de sus emociones, la alegría y la tristeza serán la misma cosa.

El proceso de construcción de los pensamientos es tan complejo que pocos teóricos de la psicología, la pedagogía y la psiquiatría se han atrevido a estudiarlo. Usaron los pensamientos ya preparados para elaborar teorías sobre los traumas, la formación de la personalidad, el proceso de aprendizaje, pero no sobre la base de todo: el pensamiento. ¿Cómo identificas los verbos, pronombres y sustantivos de cada frase de esta obra "casi a la velocidad de la luz"? Estudia los pensamientos, y probablemente entenderás que todo lo que construimos como verdades sociales es superficial. Blancos y negros sólo existen en la fina capa del tono de la piel; en nuestra psique, somos exactamente los mismos. Todos deberían proclamar en voz bien alta, sean negros, blancos, intelectuales, iletrados, estadunidenses, chinos, y también en relación con la sexualidad:

"Estoy orgulloso de ser un ser humano."

¡Todos somos seres humanos, y eso es suficiente: todos somos una familia humana! Las minorías que exaltan su diferencia para menguar el dolor de la exclusión, que muchas veces es asfixiante, alimentan los prejuicios al desconocer los sofisticadísimos mecanismos que construyen los pensamientos. Porque el registro en la memoria no depende de la voluntad consciente del ser humano, sino que es involuntario y automático. Archivamos justamente lo contrario de lo que pretendemos cuando presionamos, alzamos el tono de voz, escandalizamos, comparamos. El programa de gestión de la emoción nos enseña que, en esencia, somos iguales y nos amamos, y en las diferencias nos respetamos.

La teoría que desarrollé, llamada teoría de la inteligencia multifocal, estudia no sólo el foco de la construcción del pensamiento, sino también el foco de la construcción del Yo como líder de la mente humana. El Yo representa la capacidad de elegir, la autodeterminación, la identidad de un ser humano. Tú sabes que eres diferente de miles de millones de otros seres humanos, que tienes rasgos únicos de personalidad, preferencias, gustos, visión de vida, relaciones diferentes, a causa precisamente de tu identidad.

Y la identidad está formada por millones de ventanas o archivos que estructuran innumerables rasgos de personalidad. ¿Por qué las personas tranquilas pueden padecer crisis de ansiedad, y las personas ansiosas pueden tener momentos de calma? Porque el paisaje de la memoria en la corteza cerebral no es lineal. Así como existen diferencias de relieve en el planeta Tierra, hay evidentes diferencias de relieves o calidad y distinto número de ventanas o archivos en un ser humano. Sólo quien está muerto es plenamente previsible. Todos fluctuamos, dependiendo de dónde se instale el ancla emocional, que es un copiloto del Yo, en la corteza cerebral.

No les exijas a tus hijos, esposa, marido, alumnos, compañeros de trabajo, lo que no pueden dar: comportamientos previsibles. Por más rígido que seas, hay en ti detalles que son menos predecibles de lo que imaginas. ¿Tú sabes qué tipo de pensamiento producirás de aquí a un minuto? Lo ignoras. Si lo supieras, si controlaras todo, tú y yo estaríamos muy aburridos. Por eso todos los que son especialistas en criticar y regañar son INSOPORTABLES. Tienen aptitudes para arreglar máquinas, pero no para formar mentes brillantes.

Relájate, suéltate,
no tengas una mente rígida.

PARA RECORDAR SIEMPRE:

Nuestra mente contiene más secretos que el Universo físico. Por ejemplo, un agujero negro succiona planetas y estrellas enteros debido a su potente gravedad; del mismo modo, una ventana traumática o killer en nuestro cerebro, que propicia una crisis de ansiedad o un ataque de pánico, puede cerrar el circuito de la memoria y "succionar" la capacidad de pensar críticamente, de ponerse en el lugar de los demás y de dar respuestas inteligentes a los factores de estrés. Por eso, en los primeros treinta segundos de tensión, decimos palabras que jamás deberíamos expresar a quienes amamos, como "me decepcionas", "no vas a hacer nada en la vida", "vete de aquí, que me estás confundiendo". Fuera las palabras irrespetuosas y crueles. En los momentos de tensión, pronuncia la oración de los sabios: el silencio.

Capítulo 2

EL YO: PILOTO DE LA MENTE DEFORME EN LA ERA DE LA INTOXICACIÓN DIGITAL

Los roles del Yo: la difícil tarea de reescribir la personalidad

El Yo representa tu consciencia crítica y te individualiza, diferenciándote de millones de otros seres humanos; al mismo tiempo, te lleva a tomar consciencia de que formas parte del tejido social, del teatro de la humanidad. El Yo como líder de la mente humana debería estudiar sus planes de vuelo en el planeta mente, sobre todo los papeles conscientes e inconscientes de la memoria. La memoria es una gran colcha de retazos, contiene millones, tal vez miles de millones, de ventanas o archivos que se viven, experimentan y registran en la corteza cerebral desde por lo menos los albores de la vida fetal, cuando el cerebro ya está formado.

Los roles conscientes e inconscientes de la memoria están ligados a la estructura de la personalidad. Recuerda: si eres una persona impulsiva o una persona con autocontrol es porque posees miles de ventanas con millones de datos que sustentan esas características. Si eres alegre, relajado, flexible, o bien irritable, retraído, tenso, rígido, radical se debe a que también tienes miles de ventanas con millones de datos que expresan espontáneamente esas características. Una persona manifiesta determinadas conductas no porque el Yo —el gestor de la mente humana, el líder de la psique, la identidad y la consciencia crítica— quiera expresarlas. Tales características de personalidad se revelan independientemente del Yo.

Muchos se frustran cuando se adhieren a una religión, pues sienten que no cambiaron mucho. Querían ser tranquilos, pero siguen siendo ansiosos, impulsivos, pierden la paciencia por tonterías. Querían ser extremadamente generosos, pero todavía sufren con su egoísmo. Sacerdotes, pastores, rabinos, budistas no entienden el planeta más complejo, el planeta mente. No comprenden que los traumas no se borran, sólo se reedita la memoria.

En el mundo digital, en el ámbito de las computadoras, tú eres un dios, borras lo que quieres, pero en la vida real eres un ser humano frágil que debe entrenar a su Yo, humilde y diariamente, para dudar de todo lo que no es sano y te controla, reciclar los pensamientos perturbadores y replantear tus problemas.

Entrenamiento, más entrenamiento y todavía más entrenamiento se hacen necesarios, pues una característica enfermiza de personalidad está conformada por miles de archivos. Cambiar un archivo o una ventana solitaria no modifica la personalidad. Por eso, los héroes que proclaman que "de hoy en adelante seré fuerte, seguro, resiliente, no le daré importancia a las críticas, no me dejaré ofender por los *haters*" siguen siendo antihéroes y esclavos de sus rasgos enfermizos. Es necesario tener perseverancia, caer y levantarse, tropezar y continuar, llorar, pero jamás renunciar a los sueños.

No son los demás quienes te derrotan, eres tú quien se impone la derrota más humillante, quien ignora que la mente "miente".

La teoría de la inteligencia multifocal estudia no sólo el proceso de construcción de pensamientos, el desarrollo de la formación del Yo como líder de la mente humana y los papeles conscientes e inconscientes de la memoria, sino también el programa de gestión de la emoción. Entre muchas áreas, este último guía en especial al Yo para no ser pasivo ni tímido en nuestra mente, ni irresponsable emocionalmente ante la basura mental que producimos. Ese programa entrena al Yo a reaccionar rápidamente para reciclar emociones y pensamientos asfixiantes, pues de otra forma se registran y ya no pueden borrarse, sólo reeditarse. Y eso lo desconocían la psicología y la psiquiatría, pues hasta entonces no se habían estudiado esos fenómenos que operan con asombrosa rapidez en nuestra psique.

Tienes veinticuatro horas para tomar un baño, pero como máximo cinco segundos para confrontar y reciclar un pensamiento enfermizo, hacer higiene mental. Sin embargo, tienes una casa llamada "mente humana" que produce mucha basura y enormes desperdicios, y rara vez alguien la cuida o la preserva. Y más en esta sociedad digital artificial y este sistema educativo superficial.

¿CUÁL ES TU GASTO DE ENERGÍA EMOCIONAL INÚTIL?

El índice GEEI (gasto de energía emocional inútil), creado por mí, mide la cantidad de basura mental y el desperdicio emocional de un ser humano. El nivel máximo del índice GEEI es 100; claro, son sólo parámetros no rígidos y nadie debe inquietarse por ellos, pues estamos en el mismo barco. Pero deberíamos por lo menos usar el índice GEEI para entrenar las herramientas de gestión de la emoción para pilotear mejor nuestra mente.

Sufrir por el futuro aumenta 10 puntos en el índice GEEI. Atender los problemas con anticipación agota el cerebro.

- Rumiar las desdichas aumenta otros 10 puntos. Hay innumerables personas que remueven la basura física para sobrevivir, lo cual es muy triste, y hay cientos de millones de personas —incluso millonarios— que hurgan en la basura mental para autodestruirse, lo cual es todavía más triste.

- Ser impaciente o tener un bajo umbral para soportar las frustraciones, 10 puntos.
- Despertar cansado también aumenta 10 puntos.
- Querer todo rápido y listo, 10 puntos.
- Irritarse cuando la computadora no enciende, no hay conexión con internet, el teléfono celular indica un error, otros 10 puntos.
- No contemplar lo bello o no hacer de las pequeñas cosas un espectáculo para admirarlo, 10 puntos. Se convierte en un mendigo emocional.
- Exigir de más a los otros aumenta 10 puntos en su índice GEEI, y 20 en el de ellos, porque los hiciste empeorar.
- Exigirte de más a ti mismo aumenta 20 puntos. Quien demanda de más a sí mismo es su propio verdugo.
- Preocuparse demasiado por la opinión o aceptación de los demás es una fobia (alodoxafobia) que incrementa 20 puntos en el índice GEEI. Hacer que tu paz dependa de los demás es cometer un crimen contra ti mismo.
- Quedarse horas en las redes sociales y responder frenéticamente a los mensajes digitales, otros 20 puntos. Tus amigos reales están a tu lado, aprende a distinguirlos.
- Dificultad para convivir con las personas lentas empeora todavía más las cosas, aumenta 20 puntos. No es que las personas sean lentas, tú eres demasiado rápido.
- Tener una mente agitada y extremadamente preocupada aumenta 20 puntos.
- Sueño de mala calidad, suma otros 20 puntos.

Hay muchos síntomas más, pero voy a detenerme aquí. ¿Cuál es tu índice GEEI, tu producción de basura mental y desperdicio emocional? Muchos ya sobrepasaron 100 puntos, obtuvieron tal vez 150 puntos o más. Cargan con su cuerpo, con una mente ansiosa, con un cerebro agotado. Al leer este libro, ¿te gustaría comportarte como un simple lector o como un alumno de la gestión de la emoción? Preferiría que seas alumno. Todos somos eternos aprendices, incluso yo.

Como mi alumno, no te desanimes: tú puedes aliviar tu cerebro e irrigar salud mental. El problema no es la enfermedad del enfermo, sino el enfermo de la enfermedad, es decir, la postura del Yo del enfermo.

La enfermedad puede ser grave, pero si el Yo decide ignorar a la audiencia, entrar en el escenario y reinventarse, tiene un gran camino, una bella jornada por recorrer.

En ese caso, los mejores días están por venir.

Las personas con altos índices de GEEI no representan un problema para la sociedad; al contrario, muchas son excelentes para sus familias y empresas, pero son pésimas para sí mismas, lo cual es una paradoja. Por desgracia, la residencia más importante del ser humano, su casa mental, su psique, contiene montañas de basura y desperdicios incontables. Ése es el menú diario de miles de millones de seres humanos.

El índice GEEI se agudizó en la era de la televisión, asfixiando el diálogo y promoviendo el aislamiento, pero en la era digital empeoró muchísimo, encarceló al ser humano dentro de sí, haciendo de padres e hijos rehenes de los celulares, con una deuda dramática con su salud mental y su salud interpersonal. La familia moderna se ha convertido en un grupo de extraños, cercanos físicamente, pero casi infinitamente distantes emocionalmente.

Padres e hijos se sientan a la mesa desconectados entre sí, sin hablar de sus desafíos, de sus aventuras, sólo aprisionados en sus dispositivos digitales. Los fines de semana no son fiestas familiares, son fiestas digitales, artificiales, llenas de pérdidas de tiempo inútiles en respuestas y conexiones infinitas. Y el tiempo es implacable, pues nunca regresa. Padres y madres tienen que dar tantas respuestas en sus celulares en Facebook, Instagram, YouTube, X, WhatsApp, que no tienen tiempo para sus hijos. Entrenan a sus hijos a hacer lo mismo y después reclaman que no les prestan atención. Los padres y madres híper conectados, con altos índices GEEI, generan hijos ansiosos, mal preparados para la vida.

Las madres más maduras vivían relativamente aisladas, pero el WhatsApp las liberó. Ahora hay innumerables amigas que están enviciadas en dar cientos de respuestas diarias, pero no envían mensajes a las personas reales que están a su lado, a sus propios hijos. Ése es un error que los padres también están cometiendo muchísimo. Los padres y madres de la era digital cumplen con lo trivial, regañan, dan orientaciones, exigen hacer la tarea de la escuela, pero se olvidan de lo esencial, que es construir un diálogo enriquecedor, agradable, profundo, regado de elogios. En ninguna otra época los padres y madres sepultaron a sus hijos en vida como en la era digital.

Rara vez les preguntan a sus hijos cuáles son sus sueños, qué pesadillas los atormentan, qué pueden hacer para hacerlos más felices, para motivarlos o para superar sus conflictos. Ni siquiera tienen tiempo ni habilidad para hablar de sus lágrimas, para que sus hijos aprendan a llorar las suyas, pues tarde o temprano las derramarán; éste es un fenómeno sobre el cual alerté hace muchos años en mi libro *Padres brillantes, maestros fascinantes*. Creo que es la obra educativa más leída en la era analógica, y ahora es triste comprobar que son pocos los padres brillantes en la era digital.

Padres, dejen ya esa manía de responderle a todo el mundo en WhatsApp y en las redes sociales. Si tienen amigos verdaderos que se cuentan con los dedos de una mano, dense por felices, pues la mayoría no tiene un amigo concreto, ni es amigo de sí mismo. Quien tiene un GEEI alto no es compañero de sí mismo en forma alguna, no sabe enamorar a la vida.

Recuerden, el mundo digital nos ha engañado con esa enorme sociabilidad superficial.

En el pasado, los padres no contrataban los servicios de terceros para educar a sus hijos en edad escolar. Al inicio de la era digital, muchos padres comenzaron a hacerlo, pues no tenían tiempo ni paciencia para lidiar con hijos inquietos. Ahora, no pocos padres, al ver a sus hijos ansiosos, con diagnóstico de hiperactividad, los meten a mil actividades para que gasten energía. ¿El resultado? Los niños tienen tiempo para todo, pero no para disfrutar de su infancia, relajarse, lidiar con el aburrimiento y reinventarse. Quieren matar el tiempo, quieren destruir su preciosísima soledad, que es un boleto a la interiorización. La intoxicación digital es, de hecho, el mal del milenio, va a perdurar y a agravarse en los próximos siglos, a no ser que un programa de gestión de la emoción revierta ese camino de destrucción colectiva de la salud emocional y de la formación de pensadores.

PARA RECORDAR SIEMPRE:

Padres e hijos se sientan a la mesa desconectados entre sí, sin hablar de sus desafíos, de sus aventuras, sino aprisionados en sus dispositivos digitales. Los fines de semana no son fiestas familiares, son fiestas digitales, artificiales, llenas de pérdidas de tiempo inútiles en respuestas y conexiones infinitas. Y el tiempo es implacable, pues nunca regresa. Padres y madres tienen que dar tantas respuestas en sus celulares en Facebook, Instagram, YouTube, X, WhatsApp, que no tienen tiempo para sus hijos. Entrenan a sus hijos a hacer lo mismo y después reclaman que no les prestan atención. Los padres y madres híper conectados, con altos índices GEEI *(gasto de energía emocional inútil), generan hijos ansiosos, mal preparados para la vida.*

Capítulo 3

ENTRENAR LA EMOCIÓN PARA SER SALUDABLE: EL EJEMPLO DEL MAESTRO DE MAESTROS

El Maestro de maestros y su notable entrenamiento de gestión de la emoción

Ni el propio profesor de los profesores, el Maestro de maestros, Jesucristo, hizo a un lado el entrenamiento de gestión de la emoción de sus alumnos; por el contrario, lo llevó a las últimas fases. El equipo que eligió no pasaría las pruebas de ningún equipo de recursos humanos. Serían descalificados. Y el grupo era complicado, estresado y explosivo; amaban el poder, se peleaban entre sí, negaron, traicionaron, abandonaron, en fin, amaban la herramienta contraria a la gestión de la emoción: el golpe y contragolpe. Creo que fui uno de los pocos psiquiatras e investigadores, si no el único, que tuvo el privilegio de estudiar la inteligencia de Cristo y de sus alumnos. Si hubiera vivido en el tiempo de la Inquisición, ciertamente no me habría escapado de la hoguera. Parecía una osadía, pero mis estudios, en primer lugar, me hicieron tener contacto con mi fragilidad, mi pequeñez y la inenarrable grandeza del Maestro del cual yo dudaba. Quedé fascinado: nunca alguien tan grande se hizo tan pequeño para convertir a los pequeños en grandes.

En segundo lugar, mis estudios, a la luz de la psiquiatría, la psicología, la sociología y la psicopedagogía, y no de la religión, por fortuna tuvieron un efecto en millones de personas, no sólo de las escuela y universidades, sino también de las más diversas religiones, incluyendo las no cristianas, que tienen a Jesucristo como modelo de vida. Todas las religiones cometieron un error al no estudiar la mente de Jesús a la luz de sus aspectos humanos. Y él proclamó más de sesenta veces que era el hijo de la humanidad. Y las universidades se mostraron inmaduras y tímidas al no estudiarlo con objetividad y profundidad. Lo pusieron en un lugar indigno en las agendas de las universidades, en un décimo plano en el estudio de los grandes pensadores, dando más valor a cualquier intelectual mediocre. De ese modo, la mente más brillante, el hombre más inteligente, fue exiliado del sistema educativo.

A propósito, él eligió alumnos que sólo le daban dolores de cabeza. Pedro era inquieto, tenso, ansioso, como el más intoxicado, en términos digitales, de los jóvenes en la actualidad. Sólo que, en su caso, su ansiedad pudo tener un trasfondo genético y también deberse a la ardua lucha por la supervivencia. Juan tenía emociones fluctuantes como un sube y baja, la suya era una personalidad bipolar, aunque no padecía una depresión bipolar. En un momento era un alumno inclinado a la generosidad y, al otro, si era contrariado, se volvía verdugo de quien pensaba diferente, quería eliminar a quien no estuviera con su Maestro. Tomás era inseguro, desconfiado y creía en teorías de conspiración, como muchos en las redes sociales. Tenía que ver con sus propios ojos, tocar con las manos, pues era egocéntrico. Mateo tenía fama de corrupto y Judas Iscariote, el más culto, comedido, sereno, con vocación social y, por lo tanto, el mejor de todos, poseía el peor defecto: no era transparente. Y quienes no son transparentes se llevan a la tumba sus conflictos, errores, manías, trastornos emocionales.

Mi área es la mente humana, y por eso no voy a hablar sobre Jesucristo desde el ángulo de la teología. Busquen a alguien que sepa. A diferencia de los más diversos religiosos de las más diversas religiones, el Maestro de Nazaret no hizo milagros en la mente. En el Sermón de la Montaña —su famoso curso de psicología aplicada—, él entrenó a sus alumnos con las más increíbles herramientas que deben aplicarse a diario: felices los que se vacían de su ego, pues de ellos es el reino de la sabiduría (parafraseando); felices los mansos, pues ellos heredarán la tierra de su mente (parafraseando).

La psique, o mente, es un campo de entrenamiento, de transformación y reedición de la memoria.

Sin entrenamiento diario y humilde, reitero, estarás fuera del juego de la transformación. La mente debe renovarse, pues los traumas, los conflictos, los rasgos enfermizos de la personalidad, no se borran nunca, sólo se reeditan, a no ser que se destruya la corteza cerebral por un tumor, traumatismo o degeneración de las neuronas. Jesús fue famosísimo en su tiempo, una celebridad que no tenía espacio para comer pero, incluso en el auge de su éxito, siempre vivió y entrenó a sus alumnos para contemplar lo bello, viajar al interior de sí mismos en momentos únicos.

En cierto momento, en el ápice del asedio social, Jesús se detuvo, suspiró y, para asombro del público que lo rodeaba y que quería ver otro suceso extraordinario, dijo: "Mirad los lirios del campo". ¿Tú ves los lirios en los suelos de la mente de tus hijos? ¿De tus alumnos? ¿De tu marido o esposa? Tal vez veas piedras y arena. Tal vez vislumbres sus defectos y decepciones, por eso quizá señales los errores y seas crítico. Pero hay lirios en los terrenos áridos de todos los que están a nuestro alrededor. Sin embargo, perdemos la capacidad de observar. La urgencia de la vida, la intoxicación digital y la fama producen una grave miopía en los ojos de nuestra mente, lo cual nos impide hacer de las pequeñas cosas un espectáculo a la mirada.

Miserables en el territorio de la emoción

En el auge de su éxito, el carpintero de la emoción tenía tiempo para contemplar las flores, algo rarísimo entre los billonarios que aparecen en la lista de la revista *Forbes*, entre los *influencers* digitales e incluso entre los líderes religiosos famosos. Si quieres saber si una persona sigue siendo emocionalmente saludable después de alcanzar el éxito financiero, social, político, digital o religioso, observa si tiene tiempo para contemplar las flores, que metafóricamente representan las cosas más importantes de la existencia, pero que pasan desapercibidas.

Conectados a sus celulares, muchos entierran en vida a sus amigos de la infancia, nunca más los buscan. Otros entierran a sus hijos, o a sus padres o a su pareja, aunque también estén vivos, pues no dialogan, no tienen conversaciones agradables, no elogian, pero son expertos en repartir críticas y hablar de problemas. Y lamentablemente, muchos se entierran a sí mismos, aunque palpiten de vida, pues se abandonan, se exigen de más a sí mismos, no se saben abrazar.

Muchos jóvenes se comparan con los demás en las redes sociales, se minimizan, se empequeñecen, no contemplan los lirios en el territorio de su emoción, no saben que son únicos. Miden su autoestima por el número de *likes* y respuestas positivas. Nada es tan autodestructivo. No es una casualidad que haya aumentado en más de 200 por ciento el índice de suicidios entre los preadolescentes de diez a catorce años. Cada joven que piensa en morir, como he afirmado en muchos de mis libros, tiene hambre y sed de vivir. No se quiere matar, sino acabar con su sufrimiento, el dolor del abandono de sí mismo, el dolor generado por la intoxicación digital, el dolor de la comparación, el dolor del incumplimiento de las expectativas, el dolor de no contemplar lo bello.

Parece una paradoja, pero las investigaciones han demostrado que muchas de las personas religiosas, a medida que se vuelven famosas, que tienen a miles de personas que los oyen o millones de seguidores en las redes sociales, asfixian poco a poco el placer de vivir y aumentan sus niveles de ansiedad. Viven para resolver problemas que cada vez son más graves, y también para conservar el éxito. El éxito es más difícil de trabajar que el fracaso.

Con frecuencia, los políticos se enferman en su jornada por alcanzar el poder. Al principio de su carrera, son capaces incluso de saludar a los maniquíes en las tiendas y pedir su voto (eso ocurrió con un político que conocí). Con el tiempo, un voto o miles son lo mismo, lo importante es ganar la elección. No saben que en una democracia son meros empleados de la sociedad. Me gustaría ver a presidentes, gobernadores, senadores, diputados, presidentes municipales y alcaldes gritando día y noche: "No me presten mucha atención, soy un mero empleado de la sociedad".

Pero no son pocos los políticos que se sienten propietarios de la "empresa llamada sociedad", son pequeños dioses que no se dan cuenta de que van muriendo todos los días un poco. Intoxicados digitalmente, deslumbrados con la fama, muchos líderes no entienden que sólo es digno del poder quien se inclina ante la sociedad para servirla, y quien ama más a la humanidad que a su débil ideología o partido.

El hombre más famoso de la historia habló sobre los lirios de los campos: "Mirad qué bellos son". La expresión "qué bellos" indica no admiración, sino una mirada atenta y extasiada, y, por lo tanto, contemplativa. En ese mismo pasaje hace una crítica seria y delicada al gran rey Salomón: ni Salomón se vestía como uno de los lirios. Ese rey se perdió en los laberintos del poder, el éxito y la fama. Realizó una búsqueda desenfrenada del placer y, al final, se deprimió gravemente y manifestó que "todo es vanidad, no hay nada nuevo bajo el sol". Para el Maestro de maestros, ni siquiera un lirio del campo era vanidad; era común, ordinario, pero sí un espectáculo a sus ojos.

El carpintero de Nazaret era feliz, pues incluso en el auge del éxito y el asedio, sabía hacer mucho con poco, tenía tiempo para las flores. Y tú, ¿tienes tiempo para contemplar las flores de los suelos de la mente de tus hijos, tus alumnos, tus padres, tu pareja, o eres un crítico?

Salomón poseía palacios, viñedos, sirvientes, vestiduras tejidas de oro y fama, pero esa avalancha de estímulos lo intoxicó como hoy a los *influencers* de la era digital. Todo era cruelmente aburrido. Un hombre sabio se autodestruyó, llegando a decir que hubiera sido mejor ser abortado, lo que revela una gravísima depresión. No basta con ser inteligente ni con ser sabio, es fundamental contemplar lo bello. En caso contrario, el exceso de información destruye la levedad y la profundidad emocional.

No pocos intelectuales, guionistas, científicos, escritores, se deprimen. Piensan mucho, pero pierden la pasión por la vida. Son engañados por lo que saben, que parece tan voluminoso, pero todo su conocimiento cabe en la palma de una mano en comparación con el insondable océano de la ciencia.

Piensa como adulto, pero siente la vida como un niño embelesado, pues la vida es un misterio y casi no sabemos nada sobre ella.

Uno de los mayores entrenamientos a los que me someto es hacerme consciente de que ser el psiquiatra más leído del mundo no representa ningún valor, lo mismo ser el autor más leído en Brasil en este siglo; sólo tienen valor si contribuye a la humanidad, sólo tiene relevancia si hago mucho de aquello que el dinero no puede comprar. En caso contrario, seré un esclavo viviendo en una sociedad libre. Nadie se lleva a la tumba la fama, la validación social, el brillo intelectual. Pero en la era digital, se buscan tales fenómenos como si fuéramos eternos, como drogas para una mente insaciable.

El Maestro más grande de la historia entrenó a sus alumnos a mirar a las prostitutas por dentro, su complejidad intelecto-emocional, la corrosiva jornada de su vida, revelando que ellas eran dignas de ser abrazadas y protegidas como reinas, y no apedreadas como escoria social. Les enseñó a ver más allá de la piel podrida y carcomida de un leproso, a distinguir al ser único e irrepetible que estaba detrás del prejuicio social.

¿Quién defiende tanto los derechos humanos como Jesucristo? El gran Einstein contemplaba lo bello en la física, brilló en la ciencia, pero cometió crasos errores en su vida: abandonó a su hijo en un manicomio. Nada tan sombrío e inhumano. Gandhi fue un notable maestro de la no violencia, pero en muchos momentos fue autoritario con su inteligentísima esposa y no tan protector con su hijo alcohólico. A diferencia de todos los personajes que estudié, pues mi teoría analiza el proceso de construcción de pensamientos y el proceso de formación de pensadores, el Maestro de maestros apostaba todo lo que tenía por aquellos que poco tenían.

Él fue muy lejos, mucho más que quienes lo defienden desde las más diversas religiones. Entrenó a sus alumnos a amar incondicionalmente: "Si aman sólo a quienes les aman, ¿qué recompensa tenéis?". Enseñó también a poner la otra mejilla como señal no de debilidad, sino de poder, pues sólo quien es poderoso y resiliente es capaz de elogiar a un adversario o extenderle la mano a un enemigo.

Solamente quien tiene una gestión de la emoción del más alto nivel no compra lo que no le pertenece: las ofensas, los rechazos y las críticas que no hizo.

¿Qué hombre es ése: el más famoso de la historia cuya mente, al mismo tiempo, es la menos conocida por los catedráticos y religiosos? Estudiar su jornada de vida y su agenda psicopedagógica puede contribuir mucho a la prevención del radicalismo, del egocentrismo, del egoísmo, del individualismo, de la necesidad neurótica de la fama, de la comparación y poder, que son graves síntomas de la intoxicación digital.

Los ecologistas también son ambientalistas emocionales irresponsables

Tú puedes ser el mejor ambientalista en tu país y el mejor ecologista en el mundo, pero probablemente también eres irresponsable en preservar los recursos del planeta mente. ¿Cuál es tu índice GEEI? No conozco a nadie que sea un excelente ambientalista emocional o un fascinante ecologista del ecosistema intelectual, que sepa impugnar los pensamientos perturbadores, reciclar las emociones tensas, reinventarse en el caos, reírse de errores tolerables, conservar el buen humor ante las personas perezosas, distinguir un encanto en los defectos ajenos. No conozco a nadie que sea un maestro en administrar el estrés para transformar las pérdidas en ganancias, las crisis en sabiduría, los fracasos en éxitos.

Incluso los expertos en inteligencia emocional tienen altos índices GEEI. Y algunos conferencistas motivacionales que realmente conmueven al público pueden, sin saberlo, aumentar más el índice GEEI de lo que imaginan, aunque creen una motivación temporal. Reitero, todos somos pequeños aprendices. Y al hablar de inteligencia emocional, permíteme acabar con un dogma más. En teoría, la inteligencia emocional no existe, como piensan millones de psicólogos, neurólogos, maestros, *coaches*.

La emoción carece de inteligencia, no genera pensamientos, es inconsciente, no puede autogestionarse. Desde que Daniel Goleman publicó su libro *Inteligencia emocional* levantó la bandera para atender un tema importante, diseñó reglas y principios, pero generó una confusión sin precedentes en relación con lo que es la emocionalidad. Millones de personas compraron la idea de la inteligencia emocional sin conocer la naturaleza de la emoción, sus procesos de construcción, su proceso de transformación, sin saber que ella jamás tendrá autocontrol, que siempre será un bebé en el psiquismo, aunque pueda producir placer, sentido de la vida, amor, motivación y, también, todas las miserias psíquicas.

Quien debe gestionar la emoción o administrarla es el Yo.

La educación cartesiana, incluidas las mejores universidades, está enferma; forma personas enfermas para una humanidad enferma. No enseña qué es la emoción, cuál es el sistema de relación con los pensamientos y cuáles son los roles del Yo en la gestión emocional.* La gestión de la emoción es fundamental para equipar a tu Yo, a fin de proteger tu mente; de lo contrario, ésta podrá ser una tierra de nadie, desprotegida y, como vimos, generadora de incontables cantidades de basura mental y desperdicios emocionales.

Piensa en esto. Si tienes una propiedad, una casa o un departamento, un extraño no puede invadirla sin autorización. ¿Por qué? Porque vives en una sociedad en la cual el derecho a la privacidad y a la propiedad están garantizados por la Constitución de tu país. Sin embargo, sin gestión de la emoción, la propiedad más compleja, la mente humana, el territorio de la emoción, se vuelve tierra desprotegida, susceptible de continuas invasiones.

Observa tu experiencia. Una crítica de un alumno puede desequilibrar a un maestro. Un berrinche de un hijo puede alterar la emoción de los padres. Una injusticia ejecutada por un cónyuge desestabiliza al otro. Un *hater*, alguien que declara un discurso de odio o comentarios despectivos en las redes sociales, puede tener más impacto que cien elogios para muchos *influencers* digitales. La emoción se convierte en tierra de nadie si el Yo no se protege, si no entrena una herramienta de gestión de la emoción fundamental: mi paz vale oro, el resto es basura. Por "resto" no me refiero a las personas, sino a los estímulos estresantes.

Cuando desarrollé esa técnica, que a diario deberíamos experimentarla, repetirla y repensarla, entendí que nuestra

* Mi próximo libro tendrá por título *El fin de la inteligencia emocional y el comienzo de la gestión de la emoción.*

especie es emocionalmente inmadura y enferma, que nuestras escuelas son incapaces de enseñarnos un mínimo de protección. No prevenimos los trastornos emocionales. Esperamos a que las personas enfermen mentalmente para después tratarlas, y nada es tan cruel. Inconforme con esto, desarrollé los proyectos Escuela de la Inteligencia, la Academia de Juego y la Academia Antiestrés.

Ofrezco una disculpa por hablar de estos proyectos, pero son muy importantes. Respecto de la Academia de Jugar, primera academia especializada en el mundo que integra la gestión de la emoción, los niños de uno a siete años asisten a ella diariamente o algunas horas por semana. En ella queremos enseñar a los niños a jugar mediante actividades lúdicas, artesanales y teatrales, a la vez que aprenden las notables herramientas de gestión de la emoción: "la mente miente", "mi salud emocional vale oro, no debo venderla o cambiarla por nada (*bullying*, fracasos, malas calificaciones)", "dudar de todo lo que me asfixia mentalmente, incluidos mis miedos", "abajo la dictadura de la belleza: yo soy hermoso o hermosa", además de desarrollar autonomía, oratoria, sociabilidad, superación de la timidez y de la inseguridad, y prevención de la intoxicación digital.

En la Academia Antiestrés promovemos que los niños de seis años y hasta adultos de setenta aprendan a practicar un mínimo de ejercicio físico usando herramientas de gestión de la emoción. Los jóvenes y adultos enviciados digitalmente no experimentan mucho placer con las prácticas deportivas; su deporte es pensar, pero no de forma constructiva. Practican ejercicios por veinte minutos y después se sientan en círculo y discuten en grupo las más diversas herramientas para proteger su emoción, reciclar la basura mental, contemplar lo bello y ser autores de su propia historia. Al sentarse en grupo, mirándose a los ojos unos a otros, nuestro objetivo es que los jóvenes se entrenen en el arte de celebrar y aplaudir el progreso individual y de los demás, creando un ambiente social pleno de apoyo, generosidad, *antibullying*, con lo cual propician condiciones para formar mentes libres y emocionalmente saludables.

Muchos ya conocen la Escuela de la Inteligencia, pues hace más de una década que la fundé. Es el primer programa mundial de educación socioemocional y el de mayor relevancia, con más de 400 mil alumnos y más de mil conferencias dictadas. Se imparte una clase por semana, en la cual se trabajan las habilidades socioemocionales, como pensar antes de reaccionar, la empatía y la resiliencia.

AUTOMUTILACIÓN DE LOS JÓVENES: UNA EPIDEMIA

Todo está aparentemente bien en la Constitución de un país, los derechos están garantizados y, si hay violaciones, se pueden presentar demandas jurídicas para intentar reparar el daño. Pero todo está mal en la constitución de la emoción. En virtud de que la educación en el mundo generalmente no enseña al Yo a gestionar a la mente, las consecuencias son devastadoras. Muchos hijos están heridos, asfixiados, lloran sin lágrimas y sin que sus padres lo sepan. El daño no se repara y se convierte en ventanas traumáticas, o *killer*, que, como comenté, son imborrables, sólo es posible reeditarlas. Millones de jóvenes y adultos están sufriendo y buscan un éxito inmediato y una felicidad artificial en las redes sociales.

Cierta vez, P. L., una de las psicólogas de nuestros programas, estaba en un gimnasio y encontró a una joven de cerca de catorce años, M. C., con una camiseta de manga larga. La psicóloga notó algo anormal en el brazo de la chica cuando ella se ejercitaba. Se identificaron y comenzaron a interactuar. La joven suspiró al saber la profesión de P. L. Ésta, al ver la cara ansiosa de la chica, preguntó: "¿Tú te mutilas?". M. C. pensó, frunció el ceño. Y después confesó que sí. La conversación se extendió y la psicóloga quiso saber: "¿Algún compañero tuyo también se mutila?". La chica quedó intrigada con la pregunta de la psicóloga y comentó, con expresión de tristeza: "¿Qué crees? Somos más de veinte alumnos en mi clase y, que yo sepa, sólo dos no se mutilan". Y todavía reveló que era común que sus compañeros hablaran sobre la falta de sentido de la vida, de crisis ansiosas que los invaden, del sentimiento de autodestrucción y temas parecidos. Eran alumnos de una de las escuelas más costosas de su ciudad. No obstante, en ella se empleaba el método cartesiano, racionalista, que enseñaba millones de datos sobre el mundo de afuera, pero no sobre el complejo planeta de la emoción.

La jornada de vida de cada ser humano tiene historias de fracasos, frustraciones, decepciones. Como la resiliencia es baja entre los jóvenes y la capacidad de soportar decepciones es mínima, esas experiencias los encarcelan y pueden llevarlos a perder el encanto por la vida. Miles de preadolescentes y adolescentes se automutilan en los baños de las escuelas sin que sus padres o sus maestros lo sepan. Se sienten disminuidos, rechazados, infelices, estresados; algunos, alentados por la información en las redes sociales, llegan a herirse. Pero no son masoquistas.

De hecho, nadie es masoquista. La palabra *masoquismo* debería eliminarse del escenario de la psicología y de la psiquiatría. Nadie quiere imprimirse dolor a sí mismo. Si lo hace es porque consciente o inconscientemente intenta neutralizar un dolor emocional. En la era de la intoxicación digital, la juventud mundial es bombardeada diariamente con mensajes que se alternan a altísima velocidad, como el patrón tiránico de la belleza, la historia artificial de algunos *influencers*, los patrones enfermizos de felicidad. El resultado es una expansión de la ansiedad, una falta de sentido existencial, la asfixia de la motivación y, a veces, un estado de ánimo depresivo.

Si los jóvenes, desde preescolar hasta el posgrado, fueran entrenados a usar las poderosas herramientas de gestión de la emoción, como dudar de todo lo que los controla, enfrentar los pensamientos perturbadores, decidir ser líderes de sí mismos y determinar fuerte y conscientemente no ser esclavo de la opinión de los demás, se protegerían mentalmente, no se castigarían a sí mismos ni se empequeñecerían de manera atroz, sino que se convertirían en los protagonistas de su historia y en brillantes pilotos de su aeronave mental.

Los gestores de la emoción son capaces incluso de reírse de sus errores tolerables, vivir una vida más leve, alegre, nunca exigiéndose a sí mismos lo que no pueden dar, no comparando su cuerpo, su raciocinio o su éxito con los de los demás. Se enamoran de la vida, pues descubren que son únicos e irrepetibles.

PARA RECORDAR SIEMPRE:

El hombre más famoso de la historia habló sobre los lirios de los campos: "Mirad qué bellos son". La expresión "qué bellos" indica no admiración, sino una mirada atenta y extasiada, y por lo tanto, contemplativa. En ese mismo pasaje, hace una crítica seria y delicada al gran rey Salomón: ni Salomón se vestía como uno de los lirios. Ese rey, como muchos influencers *digitales, se perdió en los laberintos del poder, el éxito y la fama. Realizó una búsqueda desenfrenada del placer y, al fin, se deprimió gravemente y manifestó que "todo es vanidad, no hay nada nuevo bajo el sol". Para el Maestro de maestros, ni siquiera un lirio del campo era vanidad; era común, ordinario, pero un espectáculo a sus ojos. Los secretos de la felicidad inteligente y sostenible están en las cosas simples y anónimas:* CONTÉMPLALAS.

Capítulo 4

LAS REDES SOCIALES: LA BÚSQUEDA FRENÉTICA DE LA EXPOSICIÓN APRISIONA Y ENFERMA

Haz una parada en los pits: detente y mira hacia dentro de ti mismo y de quienes amas

Algunas celebridades detestan a los biógrafos no autorizados, ya sea porque revelan datos privados o porque están desinformados, ya sea porque distorsionan los datos o sacan la información de contexto, o incluso porque ellas quieren vivir anónimamente lo máximo que sea posible, aunque no lo logren. Pero lo que no saben ni tampoco por lo general el ser humano —incluidos psiquiatras, psicólogos, pedagogos y sociólogos— es que hay un biógrafo no autorizado en nuestro cerebro, que registra todo sin autorización de nuestro Yo. Tuve el privilegio de descubrirlo y describirlo. Y la presencia de ese biógrafo lo cambia todo en la evolución de la personalidad, en la formación de traumas y en el proceso de aprendizaje y construcción de conflictos sociales.

Las características psicodinámicas del biógrafo cerebral o fenómeno RAM son:

- El registro es automático. Opera en fracciones de segundo, pero la ventana queda abierta por algunos segundos, cinco como máximo, según he observado. Con eso se registró un pensamiento perturbador, una emoción fóbica, una ofensa o crítica injusta; tienes como máximo cinco segundos para dudar de su control, criticarla, reeditarla y neutralizarla. Como nuestro Yo no está entrenado para gestionar nuestra mente, es irresponsable, negligente, no realiza una higiene mental. Recuerda lo que he afirmado: incluso los mejores ambientalistas y ecologistas, los más combativos defensores del planeta Tierra, son irresponsables en su tarea de preservar los recursos del planeta mente. Son rápidos para denunciar los fenómenos que afectan el calentamiento global, pero lentos en reconocer y denunciar los fenómenos que afectan el "calentamiento" o "agotamiento" mental.
- El registro es involuntario, no depende de la voluntad humana. Miles de pensamientos, emociones y experiencias sociales se registran diaria e involuntariamente. Tú eres un dios de la memoria de las computadoras, pero serás un niño débil ante tu propia memoria. En las computadoras, tú decides lo que registras; en la memoria humana, jamás tendrás esa decisión, pues el rechazo de un estímulo refuerza el registro, a no ser que no establezcas contacto mental con él. Incluso la lectura de una palabra se realizará involuntariamente. Puedes huir físicamente de todos

tus enemigos, pero nunca lograrás librarte de ellos en tu mente. A no ser que uses importantes estrategias de gestión psíquica y reedición. Y esas estrategias no actúan rápidamente ni son mágicas.

- Todo lo que contiene más emocionalidad, sea la alegría o el dolor, generará ventanas poderosas: traumáticas (*killer*), cuando hay cualquier tipo de sufrimiento, y saludables (*light*) cuando hay experiencias placenteras. Pero como las crisis de ansiedad, el estado de ánimo depresivo, las reacciones fóbicas, los rechazos, los fracasos, etcétera, producen un altísimo volumen de tensión, se convierten en los recuerdos afectivos que más se recuperan, releen, realimentan e influyen en la evolución de la personalidad.

Debido a los procesos complejos y multifocales de registro y lectura de la información, y a su empleo en la construcción de cadenas de pensamientos y de experiencias emocionales, nuestra mente es una caja de paradojas. Hay personas pesimistas que no tuvieron un pasado tan traumático y personas optimistas cuyo pasado fue dramático. Hay jóvenes egocéntricos que tuvieron una educación altruista, y jóvenes generosos que recibieron una educación individualista. Hay personas cohibidas en hogares agradables y personas seguras criadas en familias frágiles y cohibidas. Esas paradojas ocurren no sólo a causa de la carga genética, que promueve la excitabilidad o la retracción emocional; se destacan debido a cuatro factores: *1*) la formación del Yo; *2*) el nivel de reedición de las ventanas enfermizas producidas por el Yo debido a la actuación espontánea del fenómeno RAM; 3) la alimentación de las ventanas no reeditadas; y 4) las decisiones que tomas a lo largo de la vida.

De manera general, la basura mental —incluidos los más diversos dolores emocionales—, al sufrir un registro sobredimensionado en la corteza cerebral posee más preponderancia que las experiencias placenteras en la psique humana, en especial si el Yo las realimenta. Por ejemplo, un ataque de pánico produce en pocos segundos una ventana *killer* doble P, con dos superpoderes: ser encontrada en medio de miles de ventanas o archivos saludables, y ser releída y expandida. Los ataques de pánico son el teatro de la muerte. No se muere por esas crisis de ansiedad, pero quien sufre tales episodios no piensa así. En el momento del ataque de pánico, jura, en medio de su crisis, que se morirá o se desmayará en público, aunque sea un cardiólogo.

La era de la intoxicación digital aumentó en forma dramática los niveles de ansiedad, expandiendo los síntomas psicosomáticos (síntomas físicos de origen emocional), como cefaleas, dolores musculares, falta de aire, nudo en la garganta, diarrea cuando hay tensión, taquicardia, vértigo o confusión. Hay todo tipo de síntomas, incluso comezón o prurito. Esos síntomas son un grito de alerta del cerebro dirigido a los ejecutivos estresados, los padres preocupados, los maestros agotados y, en especial, los jóvenes conectados al mundo digital.

El cerebro grita a través de los síntomas: "¡Cambia tu estilo de vida! ¡Ya no lo soporto!". Pero los héroes, que se creen inmortales, no escuchan la voz del cerebro.

Sólo se derrumban cuando sufren un ataque de pánico o una crisis de ansiedad insoportable. Somos irresponsables al cuidar del planeta mente. ¿Tú eres un héroe? Es mucho mejor un cobarde vivo que un héroe muerto. Por fuertes que sean los ataques de pánico, quien los tiene no debe desanimarse, pues representan una oportunidad dorada para cambiar de rumbo, pues, al superarlos, acaba enamorándose de la vida otra vez.

LA MAYOR VENGANZA CONTRA UN ENEMIGO ES PERDONARLO

¿El fenómeno RAM revela cosas privadas? No para los demás, sino para la propia persona. Registra nuestra biografía y revela siempre nuestras angustias a nosotros mismos. Por eso hay personas que se sienten culpables toda la vida o alimentan un odio por alguien durante toda su historia. De nada sirve huir, negar, esconderse de los conflictos, los vejámenes, las humillaciones, los fracasos, los desafectos, los enemigos; es necesario reescribirlos. Llevarás contigo tu biografía adonde vayas. Ella estará ante tus ojos, siempre abierta, y no empolvándose en una biblioteca. Por lo tanto, si quieres vivir días felices, cuida la calidad de lo que piensas y de lo que sientes.

Millones de jóvenes desarrollan sus músculos en los gimnasios, cuidan de su cuerpo, pero no entrenan su mente. Siguen al pie de la letra la lista de alimentos que ingieren, pero no cuidan los nutrientes emocionales que se registran en su cerebro. ¿No es eso una contradicción absurda? Jóvenes musculosos por fuera, pero con una edad emocional de cien años: mentes agitadas, abrumadas por el futuro, impacientes, preocupadísimas. Son especialistas en valorar el embalaje, lo que es bueno, pero pésimas para cuidar el contenido, lo que es atroz. Su índice GEEI (gasto de energía emocional inútil) es altísimo. ¡Espero, sueño, y hasta suplico que mis lectores rediseñen su estilo de vida emocional!

No te hagas de enemigos; entiende que detrás de un *hater* hay una persona que se odia a sí misma; detrás de alguien que te lastima, siempre hay alguien lastimado. Esa técnica no resuelve el problema de esas personas, pero soluciona su conflicto, pues aumenta poderosamente sus niveles de tolerancia a las frustraciones y su capacidad de perdonar.

Jamás olvides que el perdón es un atributo de los fuertes, y el sentimiento de venganza o rabia es de los débiles, pues esas emociones quedan escritas de forma implacable en la biografía de quien las experimenta.

La mayor venganza contra un enemigo es perdonarlo, pues deja de vivir en tu mente, y el mayor favor que se le hace a un enemigo es odiarlo, pues se eternizará dentro de ti.

Reitero: ¡cuidado! Tienes en tu cerebro un biógrafo no autorizado, que registra rápidamente todo lo que pasa en tu mente sin que lo apruebes. Ese tema nunca se enfatizará lo suficiente, pues las redes sociales se convierten en calderos de crisis y conflictos. Yo estaba en Rusia y, en esa época, una niña de doce años fue criticada severamente en las redes sociales. Quedó tan abrumada que atentó contra su propia vida. ¿Qué más da si alguien te critica, te bloquea o te excluye? Convivir con personas injustas e inhumanas forma parte del juego de la vida, pero destruirte a ti mismo no forma parte del juego.

Lleva toda tu vida esta herramienta de gestión de la emoción: tu salud emocional vale oro, el resto es basura.

El Yo débil genera mentes débiles. Si detestas a alguien, esa persona dormirá contigo y perturbará tu sueño. Si le das valor a un *hater*, éste quedará registrado en tu memoria a tal punto que comerá y cenará contigo, destrozará tu apetito. Si les das mucha importancia a las críticas, no sólo estarás definiendo tu felicidad en función de la opinión ajena, sino que también perderás la capacidad de ser líder de ti mismo. Las estrategias que el ser humano siempre ha empleado y está utilizando intensamente en la era digital —como rechazar, odiar, excluir, negar— nunca han funcionado para librarlo de sus enemigos, desafectos, problemas o cualquier estímulo estresante.

Cada vez que te sientes empequeñecido, mermado, poco inteligente e incapaz, provocas que el fenómeno RAM registre ventanas traumáticas que alimentan tu timidez, inseguridad, castigo a ti mismo y sentimiento de incapacidad. Sin embargo, si el Yo actúa como protagonista de su propia historia, combatiendo sus ideas pesimistas, reciclando sus emociones angustiantes, interfieres en el guion y diriges tu libreto, dejas de ser un espectador pasivo como lo han sido cientos o miles de millones de seres humanos.

Escucha los ruidos de tu mente

Es casi increíble que nadie soporte oír un ruido en el motor de un auto, un neumático reventado o una llave goteando, o incluso observar una grieta en la pared, sin detener lo que está haciendo y tratar de repararlos de alguna forma. Sin embargo, y paradójicamente, el aparato mental de los hijos, alumnos, parejas, maestros, *influencers* digitales tiene graves problemas, presenta síntomas como irritabilidad, descontrol, mal humor, depresión, ansiedad, pero rara vez interrumpen lo que están haciendo para buscar tratamiento o, como mínimo, asumir una actitud para reinventarse. No hacemos un *pit stop* (término empleado cuando un auto de carreras hace una parada en su estación con el fin de que lo reparen) para cuestionarnos: "¿Cómo está mi salud emocional?". Seres humanos invaluables para sus empresas son verdugos de sí mismos, se colocan en un lugar poco digno en su agenda. ¿Tú haces una parada en los pits o vives en una carrera en la que no tienes tiempo para ti? Somos pasivos, estériles, sólo buscamos ayuda para nosotros o para quienes amamos cuando los conflictos se agravan, lo que supone riesgos de graves trastornos emocionales, suicidio o incluso automutilación.

Los padres y maestros observan las malas calificaciones de sus hijos y alumnos y los critican, pero ante comportamientos poco comunes, fuera de la curva, rara vez preguntan: "¿Qué pensamientos perturbadores te controlan?", "¿qué conflictos y sufrimientos estás atravesando?", "¿qué fobias te dominan?". Si nunca haces preguntas como ésas, si sólo señalas los errores ajenos, discúlpame, pero estás apto para convivir con máquinas, pero no con seres humanos. Espero que, como mi alumno, hagas *pit stops* y te adentres en las capas más profundas de quien has jurado amar, pero a quien no sabes cómo amar gestionando la emoción.

En la era digital no hemos tenido tiempo para conversar con ligereza y profundidad, no hemos desarrollado habilidades fundamentales para formar mentes libres y emocionalmente saludables, como trabajar las pérdidas y frustraciones, la resiliencia, la empatía, la capacidad de atreverse, de reinventarse, de darnos a nosotros mismos tantas oportunidades como sea necesario cuando fallamos. Darnos nuevas oportunidades es algo fundamental.

Abrazarnos, reírnos de ciertos fracasos, conservar el buen humor ante las malas calificaciones.

La salud mental exige que no seas implacable contigo mismo, sino tolerante, ligero, capaz de apostar por ti mismo. En caso contrario, vas a sabotearte.

¿Y, en cuanto a los demás, qué actitud debemos tener cuando nos decepcionan? De igual manera, dar tantas oportunidades como sean necesarias. Nadie cambia a nadie, pero podemos apoyar a los demás cuando apostamos a su favor, exaltamos su potencial y los alentamos a nunca renunciar. Las personas más cercanas son quienes más te decepcionarán. ¿Y qué? La decepción forma parte del juego de la vida. Somos seres imperfectos viviendo con personas imperfectas. Si quieres convivir con personas que no te frustren, múdate a otro planeta, pues personas así no existen. En la era digital, les salieron alas al radicalismo y a la intolerancia.

Somos implacables con nosotros mismos y con los demás, pero quien entrena a su Yo a diario para gestionar la emoción, poco a poco conquista una mente libre, creativa, productiva, rica, alegre y feliz.

No te obligues a ser feliz, entrénate para ser feliz

Una emoción saludable no desarrolla una felicidad utópica ni obligatoria. Tú no puedes obligarte a ser feliz, como proclaman las redes sociales: una fiesta donde las personas están felices todo el tiempo; en realidad todo el mundo se miente a sí mismo y a los demás. En las redes sociales, las personas parecen estar siempre alegres, dispuestas, motivadas, sonriendo. Ése es un trozo de la realidad, una felicidad débil y superficial, que no existe en el teatro de la emoción. Cuanto más se obliga uno a ser feliz, hay mayores probabilidades de ser infeliz; cuanto más se obligue uno a ser tranquilo, hay mayores probabilidades de ser ansioso; cuanto más se busque el éxito frenéticamente, mayores serán las probabilidades de fracasar, pues más se frustrará, se estresará y bloqueará su capacidad de pensar y de reinventarse.

Ser feliz no es estar alegre todo el tiempo, sino transformar los inviernos en bellísimas primaveras.

Evitar todos los inviernos es dejar de vivir; buscar sólo las primaveras es vivir artificialmente. No hay cielos sin tempestades, no hay placer sin angustias, no hay felicidad sin momentos de tristeza, por lo menos desde la óptica de la emoción humana.

Nuestra historia emocional atraviesa inviernos y primaveras, y las flores más bellas de las primaveras se gestan en la escasez de agua, en los vientos lacerantes y en las bajas temperaturas invernales. Quien teme al mal tiempo, las crisis, las dificultades, los abucheos, los rechazos, reitero, está fuera del juego de la vida, porque, en éste, los aplausos y abucheos, las pérdidas y ganancias, las crisis y oportunidades forman parte del espectáculo.

La mente humana es tan compleja que tiene vida propia independientemente de la voluntad del Yo, del deseo consciente. ¿Cuántos pensamientos perturbadores produces que tu Yo no querría? ¿Cuántos "barullos", cuántos "ruidos" escuchas en tu mente que no quisiste generar conscientemente? Parece una película de terror. Y de hecho, creamos una película de terror mental. No necesitas atemorizarte mirando una película de Hollywood; basta con que tu Yo no aprenda a poner orden en tu casa psíquica para que te estremezcas, y mucho.

Por ejemplo, no deseas ser impulsivo, pero ¿cuántas veces, cuando te contradicen, actúas mediante el fenómeno de golpe y contragolpe, estímulo-respuesta? Una deuda en un banco que no fue pagada genera trastornos. Pero ¿para quién: para el acreedor o para el cobrador? Generalmente para ambos. Quien debe se angustia, quien cobra se estresa. ¿Te imaginas el débito emocional que el ser humano tiene con su esposa, marido, hijos, alumnos? Quien no tiene deuda emocional se miente a sí mismo. ¿Cuántas respuestas agresivas? ¿Cuántas veces deberíamos ofrecer disculpas en vez de justificarnos?

Quien eleva el tono de voz es impaciente, exigente, crítico, señalador de fallas; siempre está aumentando su deuda en el banco de la emoción. Quien es flexible, tolerante, ligero, apoyador, elogiador, siempre está disminuyendo su deuda con quien ama en el banco de la emoción. ¿Tú estás aumentando o reduciendo tu deuda?

Tú no quieres ser tímido, sino seguro, capaz de expresar tus ideas con maestría y desenvoltura, pero ¿cuántas veces te retraes cuando alguien te cuestiona en público, o te escondes dentro de ti mismo cuando tu equipo de trabajo te critica? ¿Tú no deseas ser intelectualmente líder de ti mismo, dejar de ser esclavo de los más diversos miedos o fobias? Pero ¿hay algún ser humano que no los tenga? Hace poco tiempo, conversando con un empresario estadunidense, me dijo que tenía un miedo extraño, miedo de nadar. ¿Habría sufrido algún ahogamiento? ¡No! ¿No sabía nadar? ¡Sí sabía! ¿Entonces por qué tenía miedo de las piscinas, cuál era el motivo de esa paradoja? "Tengo miedo de las pirañas." ¡Pero no hay pirañas en las piscinas! Aun así existían en su mente. La mente "miente".

El origen de su conflicto estaba en su infancia. Al ver la película *Pirañas*, el fenómeno RAM registró de manera privilegiada una ventana traumática *killer* doble P (poder de ser encontrada en medio de millones de archivos, ser leída y retroalimentada), generando una cárcel mental. Las cárceles mentales se construyen cuando el Yo no recicla la basura de los pensamientos y de las emociones tensas, y los rumia. Un animal rumiante regresa el alimento a la boca, lo mastica y lo traga de nuevo. Un ser humano enfermo rumia pérdidas, resentimientos, frustraciones, fracasos, *bullying*, y los devuelve a la memoria, expandiendo su trauma. Los traumas extendidos son un problema. Freud señaló la formación de los traumas en su teoría psicoanalítica, lo cual fue bueno, pero insuficiente. Como él no estudió sistemáticamente la última frontera de la ciencia, la construcción de pensamientos, no entendió que la realimentación del trauma es tan grave como el trauma original.

Los traumas asfixiantes o aprisionadores siempre son retroalimentados, si bien inconscientemente, mientras que los traumas que se pierden en la colcha de retazos de la corteza cerebral no nos perturban con tanta intensidad porque no fueron retroalimentados. En teoría, no es el impacto del rechazo, la pérdida, la frustración y la exclusión, lo que determina la dimensión del conflicto, sino su angustiante lectura y relectura.

Muchos niños y adolescentes víctimas de atrocidades en las guerras sobrevivieron y construyeron una personalidad razonablemente saludable, mientras que niños y adolescentes en la guerra digital de la comparación y la necesidad neurótica de evidencia social han desarrollado una personalidad enferma.

PARA RECORDAR SIEMPRE:

Nuestra historia emocional atraviesa inviernos y primaveras, y las flores más bellas de las primaveras se gestan en la escasez de agua, en los vientos lacerantes y en las bajas temperaturas invernales. Quien teme al mal tiempo, las crisis, las dificultades, los abucheos, los rechazos, reitero, está fuera del juego de la vida, porque, en éste, los aplausos y abucheos, las pérdidas y ganancias, las crisis y oportunidades forman parte del espectáculo.

La mente humana es tan compleja que tiene vida propia independientemente de la voluntad del Yo, del deseo consciente. ¿Cuántos pensamientos perturbadores generas que tu Yo no querría? Parece una película de terror. Y de hecho, creamos una película de terror mental. No necesitas atemorizarte mirando una película de Hollywood; basta con que tu Yo no aprenda a poner orden en tu casa psíquica para que te estremezcas, y mucho.

Capítulo 5

LA MENTE "MIENTE": LA INTOXICACIÓN DIGITAL SE CONVIRTIÓ EN UN SÍNDROME

Una de las tesis más importantes del programa de Gestión de la Emoción es que la mente "miente". Tú puedes tener muchos enemigos a lo largo de tu vida, pero ninguno podrá ser tan agresivo contigo como tu propia mente si no aprendes a gestionar los pensamientos y emociones. La mente te mentirá para que sufras por anticipación, te angusties por los problemas del futuro. Hay padres que tienen a sus bebés en el regazo y sufren porque ellos podrían ser dependientes de las drogas o sufrir accidentes, o hasta ser víctimas de enfermedades. La mente te mentirá contándote que podrían suceder cosas terribles en tu trabajo, con tus finanzas, con el gobierno de tu país, y que tú no tendrás la capacidad de resolverlas. La mente te mentirá diciéndote que debes remover tu pasado, rumiar resentimientos, frustraciones y enconos. La mente vende preocupaciones y pasa una factura muy cara: un Yo que no es gestor de su mente podrá ser víctima de innumerables inquietudes, gastar más energía de la que puede reponer en el sueño y despertar literalmente agotado. La mente "miente" diciendo que la vida no tiene sentido, que todo es aburrido, que no hay razones para vivir, aunque haya millones de motivos y el mayor de ellos es estar vivo.

A la distancia, en un análisis que apenas es un trozo de la realidad, podrás encontrar muchas personas espectaculares, coherentes, comedidas, pacientes, altruistas en apariencia, pero, de cerca, en un análisis detallado, nadie es plenamente libre y saludable. Cuanto más sea un ser humano un consumidor emocional e irresponsable de las mentiras de su mente, podrá enfermar más. Puede engañar a quien tiene cerca, pero no podrá engañarse a sí mismo. Puede vender la imagen de ser un héroe, pero en su interior habrá un frágil ser humano que necesita ser acogido.

Cuanto más acelerada e inquieta esté la mente humana en la era de la intoxicación digital, más le mentirá al ser humano y más caerá el Yo en sus trampas. La mente concibe la idea de que la belleza es cruelmente comparativa mientras que, en realidad, la belleza está en los ojos de quien la mira, no puede venderse ni compararse. Pero miles de personas postean en las redes sociales un cuerpo bien torneado, impecable, igual al de las muñecas Barbie, sin saber que ese patrón entra en el inconsciente colectivo y destruye la autoestima de miles de personas, en especial de las jóvenes, generando una afección a la que denomino síndrome PIB (patrón inalcanzable de belleza) o síndrome de Barbie, cuyos síntomas más prominentes son el castigo infligido hacia uno mismo, la autoexigencia, la fragmentación de la imagen propia, la baja autoestima, el continuo anhelo de comparación, el rechazo por una o más áreas del cuerpo, la incomodidad ante los espejos, la necesidad de vestirse para capturar las miradas de los demás. Por eso escribí el libro *La dictadura de la belleza y la revolución de las mujeres.*

Los padres y los maestros deben conducir a sus hijos y alumnos, desde la infancia, a rebelarse contra el patrón dictatorial de la belleza. Siempre les di muñecas a mis tres hijas, Camila, Carol y Claudia, que eran llenitas y de piel oscura. Quería que ellas entendieran a cabalidad que cada ser humano, más allá del tono de su piel, era único e irrepetible. Quería también entrenarlas a introyectar en su personalidad que cada ser humano, sin importar su biotipo, es bello e insustituible. Ellas aprendieron a ser líderes de sí mismas, a pesar de todas las peripecias y conflictos que tienen los niños, en especial las dos menores.

Dos de mis hijas eran más rollizas en la adolescencia, pero yo hacía hincapié en que eran bellísimas, que lo que estaba equivocado era el patrón de belleza impuesto por los medios. Les explicaba que el objetivo de la dictadura de la belleza era generar ansiedad, impulsar el consumo, pues una persona que es infeliz con su cuerpo consume más. Y les decía que muchas modelos también eran víctimas. Las estadísticas han demostrado que estas modelos sufren 20 por ciento más que las otras mujeres. Con las herramientas de gestión de la emoción, mis hijas aprendieron a lidiar bien con el estigma social, reencendieron su imagen propia, elevaron su autoestima, protagonizaron su historia.

La jornada con mis hijas fue maravillosa. Amo estar con ellas. Una de las mayores críticas que tengo no es contra las personas, sino contra el tiempo. El tiempo es cruel, pasan sólo unos cuantos instantes entre la niñez y la vejez. Es una pena que la vida sea tan breve. En esta diminuta existencia, nuestro objetivo, como padres y como hijos, debe ser ampliar el tiempo para que podamos vivir momentos únicos en instantes únicos. Yo procuraba extender el tiempo emocional, no sólo al criticar los patrones enfermizos de belleza o enseñar herramientas de gestión de la emoción, sino haciendo mucho con poco. Por ejemplo, aunque estuviera muy ocupado, llevaba al campo a Camila, a Carol y a Claudia a descubrir los matices de las flores y los detalles imperceptibles a los ojos de las personas apresuradas y ansiosas. En la era digital, los padres deben preocuparse por la educación socioemocional, con el fin de neutralizar la vida artificial en las redes sociales.

Por la noche, al viajar por las carreteras, las incitaba a que miraran hacia un punto de luz en las haciendas e irrigaba su empatía, su capacidad de enamorarse de la vida y de contemplar lo bello. Les preguntaba: ¿quiénes son los habitantes de aquella casa? ¿Qué lágrimas han derramado? ¿Qué sueños tienen? ¿Qué pesadillas los atormentan? ¿Qué aventuras viven? Tal vez ellas no se acuerden de los detalles de las muchas experiencias que vivimos, pero las olvidaron, se convirtieron en recuerdos afectivos que tuvieron un efecto positivo en el proceso de formación de su personalidad. No pocas veces les hablé de mis desafíos y frustraciones, pues no quería que gravitaran en torno de la órbita de una persona famosa ni de un psiquiatra liberado de los trastornos emocionales, sino de un simple ser humano en construcción, que compra "comas" para escribir su historia, incluso cuando el mundo se derrumba sobre él.

Ellas aprendieron a viajar al interior de sí mismas y a darse cuenta de que la vida, a pesar de los dolores y dificultades, es un espectáculo único e imperdible. Por eso se convirtieron en mis mejores amigas, las mejores amigas entre ellas y coleccionistas de amigos y amigas.

Extiendan el tiempo, pues hay sólo algunos instantes entre la niñez y la vejez. Quien está a su alrededor es más importante que millones de visualizaciones, reconocimiento social, aplausos en los estadios, el nombre en la lista de los más ricos.

La intoxicación digital es un síndrome

Una de las más graves consecuencias del exceso de uso de dispositivos digitales es adentrarse en la caja negra de la construcción de los pensamientos y de las emociones, adulterar el funcionamiento de la mente y generar intoxicación digital, caracterizada como un síndrome emocional. Los dispositivos digitales se entrometen en el ciclo de la dopamina y la serotonina, dos neurotransmisores cerebrales. Déjame hacer un rápido comentario sobre ellos.

La serotonina actúa en el ánimo, en el apetito, en el sueño, en el deseo sexual. Y al actuar en la emocionalidad, acaba por interferir en la memoria, tanto en el registro como en el acceso. La dopamina también interviene en la afectividad, en el centro de recompensas ante realizaciones y frustraciones, en la memoria y la actividad muscular, entre otros. Se les llama, equivocadamente, las moléculas de la felicidad. Aunque interfieran con el ánimo, por sí solas no producen un placer estable, profundo, pleno de empatía, autocontrol, contemplación de lo bello. La cocaína, las anfetaminas y otras drogas pueden alterar el ciclo de esos neurotransmisores y generan una peligrosa tendencia a las fluctuaciones, aumentando y disminuyendo rápidamente sus niveles, y dan como resultado la dependencia.

Todo lo que actúa rápidamente en el centro de las emociones, excitando o tranquilizando y, por lo tanto, generando déficits de expansión y respuestas, puede producir dependencia psicológica fácilmente. Los antidepresivos de acción lenta rara vez causan dependencia; por ejemplo, los inhibidores selectivos de la recaptura de la serotonina, como la fluoxetina y la paroxetina. Pero los tranquilizantes de acción rápida, como el Lorazepam, conllevan un alto riesgo de causar dependencia si no se tiene cuidado con la dosis y el tiempo de uso. La cocaína y el crack estimulan en demasía el ciclo de la dopamina y la serotonina, y después generan una depresión de rebote. ¿El resultado? El fenómeno RAM registra ventanas *killer* doble P, retroalimentadas, y crea cárceles mentales, haciendo que el usuario necesite dosis cada vez mayores, pues la psicoadaptación disminuye poco a poco la experiencia de placer, provocando, así, una alta dependencia psicológica.

De la misma manera que las drogas estimulantes, las redes sociales desencadenan el ciclo de la serotonina y la dopamina, generando un alto grado de excitabilidad con la cantidad de *likes*, visualizaciones, reconocimiento social, o incluso la atroz alternancia de las imágenes, y después crean frustración, pues se trata de un mundo artificial. ¿El resultado? Una alta dependencia psicológica, como ocurre con la cocaína. Y como con ella, millones de usuarios tienen la necesidad ansiosa de pasar cada vez más tiempo en los dispositivos digitales, para sentir cada vez menos placer.

He impartido diversos cursos para magistrados, incluso para la Policía Federal, y he alertado a esos nobles profesionales sobre los riesgos impuestos a la salud emocional de la juventud. Estamos en la era de las cárceles mentales y de los mendigos emocionales. Pero, por desgracia, el uso indiscriminado de las redes sociales y de los videojuegos es una droga socialmente aceptada y comercialmente libre. Debería haber límites para los niños. Hablaré más adelante sobre eso. Pero en la primera infancia, el niño debería ser niño, debería estar fuera del ámbito digital. Intervenir en el ciclo de la dopamina y la serotonina es algo gravísimo, una atrocidad inimaginable para el futuro emocional e intelectual de los niños.

El mundo digital trajo consigo un aumento de la productividad en las empresas, la expansión de la sociabilidad y un incremento en el acceso a la información. Algo digno de aplausos. Pero el exceso de uso de los dispositivos digitales, las redes sociales y los videojuegos genera caos en la mente humana. Cuando lanzó su primer smartphone en

2007, Steve Jobs no tenía la mínima idea de la dependencia psicológica, de los trastornos emocionales y de los innumerables suicidios que esos dispositivos causarían indirectamente. ¡pero los causaron! Silicon Valley tiene una deuda gigantesca con la juventud mundial. Es necesario realizar investigaciones para comprobar lo que es evidente para muchos psiquiatras, psicólogos, maestros y padres.

La libertad es fundamental, pero dar a los niños indiscriminadamente dispositivos digitales a la hora de la comida o la cena, a la hora de jugar y estudiar, a la hora de dialogar e interactuar, es un crimen alarmante.

Si tienes dudas sobre si los dispositivos digitales interfieren con los ciclos de la dopamina y la serotonina, generando dependencia emocional, quítale el celular a un adolescente que lo usa más de dos o tres horas al día, y observa si no muestra síntomas de abstinencia. El síndrome de la intoxicación es una enfermedad, con varios síntomas:

- Fatiga al despertar. El sueño deja de ser reparador.
- Irritabilidad. Los pequeños estímulos estresantes resultan muy perturbadores.
- Ansiedad.
- Intolerancia a las frustraciones. Dificultad para trabajar las pérdidas, decepciones, mensajes de *haters*, críticas.

- Estado de ánimo triste, con tendencia a la depresión. La tristeza construye, pero la depresión destruye.
- Agotamiento cerebral acompañado de síntomas psicosomáticos.
- Insomnio o sueño de mala calidad.
- Sentimiento de vacío existencial. Falta de sentido y propósito de vida.
- Necesidad neurótica de reconocimiento social.
- Necesidad neurótica de compararse.
- Aversión al aburrimiento. Rechazo a la rutina diaria, sentimiento de que no se está haciendo nada importante si no se está conectado. Nada de lo que es común motiva y encanta.
- Aversión a la soledad. Animadversión a quedarse a solas, a interiorizarse, a buscarse.

Los primeros siete síntomas son comunes a las diversas crisis ansiosas, como el TAG (trastorno de ansiedad generalizada), el TOC (trastorno obsesivo-compulsivo), el síndrome de Burnout y el síndrome del pensamiento acelerado. Pero los últimos cinco son característicos del síndrome de intoxicación digital. Cabe hacer notar que millones de niños no están durmiendo adecuadamente, sin que los padres lo sepan, porque la longitud de onda azul de las pantallas de los dispositivos digitales disminuye los niveles de melatonina, una hormona que desencadena y estabiliza el sueño. Eso es gravísimo. Tú puedes tener, a lo largo de tu vida, acreedores que te exigirán pagar la deuda, pero ninguno te va a cobrar tanto la factura como el insomnio o un sueño de mala calidad.

La fuente desencadenante e intensificadora de muchas enfermedades mentales se llama insomnio. Todo empeora con él, incluso las enfermedades psicosomáticas. Quien no duerme debe practicar ejercicios físicos para liberar endorfinas, tiene que entrenarse en las técnicas de gestión de la emoción, desacelerar la mente y superar sus conflictos. Y si con todo eso sigue sin dormir, tiene que buscar la ayuda de un médico, de preferencia un psiquiatra. Los insomnios leves pueden mejorar gracias a la psicoterapia, con la intervención de un psicólogo. Pero alerta: el insomnio ingobernable, que dura días o semanas, es muy peligroso. La gran mayoría de las crisis ansiosas, las crisis depresivas graves o los intentos de suicidio está precedida por un insomnio acumulativo.

Las mentes saturadas de información generan emociones agitadas

En la actualidad un niño de diez años tiene más información, debido a la conexión continua con internet, de la que tenía John Kennedy cuando presidía Estados Unidos en el auge de la Guerra Fría. El resultado es no sólo el síndrome del pensamiento acelerado (SPA), provocado por los siete primeros síntomas citados, al que se suman una mente híper pensante, el déficit de concentración, la dificultad de convivir con personas lentas y el déficit de memoria, y también el síndrome de la intoxicación digital que, como vimos, toca en el punto central de la aversión al aburrimiento y a la soledad, así como en la falta de sentido de vida y en las necesidades ansiosas de ser el centro de la atención social y de compararse de diversas formas con sus pares. No por casualidad muchos *influencers* digitales con gran éxito acaban derrumbándose emocionalmente. Alteraron el ciclo de la dopamina y la serotonina.

Un mensaje particular y muy serio a los *influencers*. Tú puedes ser un *influencer* en las más diversas redes sociales, pero debes ser consciente de que la intoxicación digital está al acecho para aprisionarte. Fortalecerás tu protección emocional si no vives en función de los *likes*, número de interacciones, ni haces depender tu salud mental de las críticas y los *haters*. También puede ayudarte saber que eres un simple mortal, y que tu función principal no es conseguir el máximo de visualizaciones, sino contribuir a la humanidad. Pero permanece alerta.

Quien vive "en" y "del" mundo digital debe saber que el problema no es si se enfermará o no, si se intoxicará o no, sino cuándo va a enfermarse y con qué intensidad va a intoxicarse. Sería muy importante hacer paradas estratégicas. Darte uno o dos meses sabáticos anualmente. O un año entero de interrupción cada cinco años. "¡Pero voy a perder millones de seguidores!" ¿Y qué? Comprueba si tu contenido tiene relevancia social. Y si los pierdes, por lo menos no te perderás a ti mismo. ¿Pues de qué sirve ser el más notable *influencer* en un cementerio? Muchos de los que hoy te aplauden o te dan "me gusta" te olvidarán en una semana.

La pobre inteligencia artificial comparada con la sofisticada mente humana

Pensar no es sólo una opción del *Homo sapiens*, también es inevitable. Si el Yo, que es el líder de la mente humana, el agente de la autonomía y la capacidad de elegir, no lee la memoria conscientemente y produce pensamientos en una dirección lógica, habrá cuatro copilotos del Yo (el gatillo de la memoria, las ventanas, el ancla emocional y el autoflujo) que leerán la memoria y crearán pensamientos y emociones sin la autorización consciente del Yo. ¿Nunca te has sentido impresionado por el hecho de que tu mente sea una fábrica ininterrumpida de pensamientos? Pensamos cosas que nos dejan perplejos, al punto de cuestionarnos: "¿Cómo surgió esto en mi mente?". Tú no piensas sólo porque lo desees, sino porque hay una fluidez constructiva sorprendente de los fenómenos inconscientes en tu mente, y en la mía.

Hay gente que me dice, al conocer mi explicación sobre el psiquismo: "Doctor Cury, yo no me imaginaba ser tan complicado y complejo". Y respondo: "Tampoco yo". Todos somos intelectualmente complejos y sofisticadamente complicados. Cada pensamiento es construido y deconstruido en un proceso continuo e inevitable. Del mismo modo, aunque a un ritmo más lento, la emoción está en un continuo estado constructivo. Por eso, una de las mayores tonterías de la psicología, bastante común, es que una persona debe ser equilibrada. La mente nunca es equilibrada porque, en caso contrario, el flujo se interrumpiría. Reitero:

nuestra psique vive un proceso inevitable de construcción, deconstrucción y reconstrucción. Para deconstruirse tiene que haber un desequilibrio. Lo que no es saludable es que una persona sea excesivamente descontrolada, híper reactiva, inestable. Por ejemplo, por la mañana está tranquila, a la hora de la comida está irritada, por la tarde nadie la soporta y por la noche ni ella misma se aguanta.

A medida que se forma el Yo, el niño comienza a interactuar y a construir puentes gracias al uso de dos grandes tipos de pensamientos conscientes: el dialéctico, que copia los símbolos del lenguaje y es el más lógico y operativo, y el antidialéctico, que es el pensamiento imaginario, difícil de ser controlado por el Yo, y que hace caso omiso de las matrices del lenguaje fonético y de las señales. Una pregunta: antes de entrar en la escuela, ¿un niño interroga mucho o poco? ¡Mucho, lo sabemos! ¿Por qué? Porque la curiosidad, la capacidad de exploración, la búsqueda del placer no dependen del Yo, sino del flujo de construcción de pensamientos.

Pero ¿qué tipo de pensamiento usa el niño para formular las preguntas, su potencial explorador? ¿El pensamiento dialéctico o el antidialéctico? El antidialéctico. Antes de entrar a la escuela, los niños preguntan mucho, pues liberan su imaginación; pero, con el paso del tiempo, la escuela asfixia el pensamiento antidialéctico y la consecuencia nefasta es que interrogan cada vez menos. Así, aprisionan a los cuestionadores y mueren los pensadores.

En la universidad, la mayoría de los alumnos es callada, cuando debería haber un gran debate de ideas. Yo necesito estimular a mis alumnos del programa de maestría y doctorado de la Universidad de São Paulo. Son jóvenes fascinantes, pero perdieron la audacia por culpa del sistema educativo, que emplea una pedagogía cruel e insana para instruir. Educar no es enseñar la respuesta, sino promover la pregunta. Las escuelas quitan el oxígeno al arte de preguntar con su sistema cartesiano, aunado a que en este siglo surgió el mundo digital, que sepultó el arte de cuestionar. Jóvenes y adultos, con las debidas excepciones, se vuelven consumidores pasivos del mundo digital, y rara vez cuestionan lo que ven o lo que oyen.

Otra pregunta: ¿sufrir por el futuro es un pensamiento complejo? Mucho, pues estás anticipando un futuro inexistente. ¿Crees que un robot dotado de inteligencia artificial (IA), por más avanzado que sea, sufrirá por el futuro o desarrollará algún día el sentimiento de culpa? ¡Nunca! Todos están fascinados con la inteligencia artificial, pero ninguna IA, ningún robot, sentirá soledad o ansiedad ni se castigará o exigirá a sí mismo; tampoco pensará en el propósito de la vida ni tendrá ideas suicidas. Ésos son atributos del sistema mental "antilenguaje antidialéctico", mezclado con la emocionalidad.

La IA, aunque se desarrollen mil generaciones del ChatGPT y gane singularidad, y pase infinidad de veces la prueba de Turing (en la que no sabes si es un ser humano o un robot), sólo tendrá el pensamiento dialéctico como su lenguaje, aunque rapidísimo, sofisticadísimo y con una capacidad de organización de datos y de respuesta mucho mejor que la nuestra. La IA no tiene y nunca tendrá el pensamiento imaginario, fruto del antilenguaje, y mucho menos la emocionalidad para poder atestiguar el espectáculo inenarrable del amor o producir la más simple nostalgia.

Los pensamientos antidialécticos tienen el poder de involucrar y estimular nuestras emociones más que los pensamientos dialécticos. Tú piensas dialécticamente: "Yo quiero ser tranquilo", pero no es fácil alcanzar la tranquilidad y entonces imaginas: "Mañana tengo un problema que resolver"; con eso aumentan los niveles de tensión e incluso puedes sentir mariposas en el estómago. Por eso rara vez funcionan las técnicas de motivación, y por eso también el infierno emocional está lleno de personas bienintencionadas que no aprendieron a gestionar en absoluto su mente. Tengo mucho que decir sobre ese tema, pero lo reservaré para el libro *El fin de la inteligencia emocional y el comienzo de la gestión de la emoción.*

Una alerta máxima. Recuerden que pensar no es sólo una opción del Yo, sino un proceso inevitable, pues los fenómenos inconscientes —los actores coadyuvantes del Yo— están sumamente activos y generarán pensamientos. Por ejemplo, mientras tú estás leyendo este libro, el gatillo mental se está disparando hacia las nubes (primer fenómeno), abriendo miles de ventanas (segundo), el ancla emocional se fija y favorece el enfoque y la concentración (tercero) y el autoflujo (cuarto) está leyendo y releyendo las ventanas abiertas dentro del foco del ancla. Al leer libros, conducir vehículos o cuando experimentamos interiorizaciones espontáneas, con frecuencia el Yo está poco activo. ¿Ya has tenido esa experiencia de caminar kilómetros en una carretera y de repente tu Yo despierta y se pregunta cómo llegó hasta ahí? Fue por medio de los copilotos.

Cuando las ventanas abiertas por el gatillo mental —sea a través de un estímulo intrapsíquico (por ejemplo, un pensamiento perturbador) o social (una ofensa)— son traumáticas, eso generará un híper foco; en consecuencia, producirá reacciones fóbicas, desproporcionadas, agresivas o tímidas. El Yo debe entrar en acción y dar un golpe de lucidez para abrir la ventana y reciclar emociones y pensamientos estresantes. Pero es raro que alguien realice una higiene mental. En ese caso, el biógrafo del cerebro, de manera implacable, va archivando y contaminando la corteza cerebral. ¿Estoy estresado, y no sé por qué? ¿Estoy deprimido, pero no tengo motivos? Mi corazón está acelerado y siento que me falta el aire, pero no entiendo la razón, ¿será la vacuna? La vacuna contra el virus del covid-19 se convirtió en una disculpa para todo, aunque puedan descubrirse efectos colaterales. El sujeto no se da un baño mental por mes o por año; no se da una ducha emocional durante toda su vida, y aun así no quiere tener una mente contaminada, ansiosa.

El Yo dirige y construye con más facilidad el pensamiento dialéctico, lingüístico y lógico. Pero enfrenta dificultades para generar el pensamiento antidialéctico o imaginario. Ésa es una paradoja nodal, un conflicto fundamental del *Homo sapiens*.

Tú puedes concebir miles de pensamientos sobre tesis académicas, metas de trabajo, economía, deportes, política, pues son dialécticos, fácilmente manipulables, pero no logras impedir fácilmente el sufrimiento por anticipación o una preocupación que asalta tu tranquilidad, pues son antidialécticos, difíciles de disipar.

Tú operas máquinas, diriges empresas, ciudades, Estados, pero deberás tener un entrenamiento y la humildad suficiente para conducir el vehículo mental. No por nada muchos médicos, abogados, ejecutivos, educadores, son maestros en el trabajo, pero viven un infierno dentro de casa, sembrado de conflictos, discusiones por nimiedades, críticas interminables, tono de voz alterado, lágrimas. Tienen la necesidad neurótica de cambiar al otro.

Sin embargo, a pesar de todas las limitaciones del Yo para gestionar el pensamiento antidialéctico o imaginario en el híper foco, si no le da un golpe de lucidez a su producción y lo libera para crear sueños, proyectos de vida, empatía, relaciones saludables, será dominado por fantasmas mentales (incluidos el autocastigo, el miedo al futuro, los chantajes, sentenciar atrozmente a quienes ama, aversión al aburrimiento y a la soledad: "No hay nada que hacer en esta casa").

Todos acumulamos basura mental y producimos "locura" en nuestra mente, pero tener un Yo espectador pasivo que no duda de todo lo que nos controla, que no combate nuestro conformismo y autocompasión (lástima de uno mismo), que no confronta nuestra crítica, que no recicla nuestra capacidad incontrolable de señalar errores y no dar elogios, es ser un cruel enemigo de tu salud emocional, de tu familia y de tu empresa.

PARA RECORDAR SIEMPRE:

Un mensaje particular y muy serio a los influencers. Tú puedes ser un influencer en las más diversas redes sociales, pero debes saber que la intoxicación digital está al acecho para aprisionarte. Fortalecerás tu protección emocional si no vives en función de los likes, *número de interacciones, ni condicionas tu salud mental a las críticas y los haters. También puede ayudarte saber que eres un simple mortal, y que tu función principal no es conseguir el máximo de visualizaciones, sino contribuir a la humanidad. Pero permanece alerta.*

Quien vive "en" y "del" mundo digital debe ser consciente de que el problema no es si se enfermará o no, si se intoxicará o no, sino cuándo va a enfermarse y con qué intensidad va a intoxicarse. Sería muy importante hacer paradas estratégicas. Darte uno o dos meses sabáticos anualmente. O un año entero de interrupción cada cinco años. "¡Pero voy a perder millones de seguidores!" ¿Y qué? Comprueba si tu contenido tiene relevancia social. Y si los pierdes, por lo menos no te perderás a ti mismo. ¿Pues de qué sirve ser el más notable influencer en un cementerio? Muchos de los que hoy te aplauden o te dan "me gusta" te olvidarán en una semana. No te abandones: cuídate a ti mismo.

Capítulo 6

INTOXICACIÓN DIGITAL: ¿QUÉ HICIERON CON NOSOTROS Y CON NUESTROS HIJOS?

Hemos sido traicionados por la tecnología: el autoflujo y las ventanas de la memoria

En el siglo XXI, el siglo de la ciencia, esperábamos tener una juventud más pensante e innovadora, pero en realidad es la generación más repetidora de datos y más rígida mentalmente. En el siglo de la psiquiatría y la psicología, esperábamos tener una juventud más saludable y tranquila, pero es la generación más enferma, ansiosa y depresiva de todas. A pesar de la poderosa industria del ocio, liderada por el cine, las series de televisión, los parques de diversión, los deportes, la música, los videojuegos, las redes sociales, anhelábamos tener la generación más feliz de todos los tiempos, pero esta generación de niños, adolescentes, padres y maestros mendigan el pan de la alegría. Esperábamos contar con la generación que más disfrutara el sabor de los ideales de la Revolución francesa —la igualdad, la libertad y la fraternidad—, pero nos enfrentamos al dilema de tener una generación que vivió una revolución digital y se volvió más desigual, más encarcelada mentalmente y más radical y carente de empatía.

¿Qué hicieron con nuestros hijos y sus padres? ¿Qué introdujeron en la mente de los alumnos y sus maestros? ¿Por qué las empresas están enfermas, con trabajadores estresados, con una mente intranquila, impacientes con quienes son lentos, con baja resiliencia, susceptibles de una crisis emocional ante pequeñas contrariedades? ¿Han observado cómo las personas "explotan" por tensiones menores, incluyendo el abandono de empleos, de la novia y hasta de la familia?

Las ventanas de la memoria o archivos mentales contienen los secretos de la colcha de retazos de la sofisticadísima personalidad. Albergamos en el cerebro algo así como 100 mil millones de neuronas y cada una de ellas tiene como mínimo 10 mil interconexiones entre ellas, lo cual nos lleva a la gigantesca cifra de casi 100 billones o más de interconexiones. Las ventanas se encuentran en todo el tejido cerebral, en especial en la materia gris, en la corteza cerebral. Como soy especialista de los procesos mentales, no me detendré mucho en las estructuras cerebrales (lóbulo frontal, temporal, occipital, sistema límbico, etcétera), pues son más lógicas y en cierto sentido más sencillas, excepto en el nivel molecular, atómico y subatómico.

Los procesos mentales que ocurren en las tramas e interconexiones neuronales son complejísimos. Es muy probable que el registro de la información lógica —las experiencias existenciales, las experiencias emocionales, los pensamientos, las ideas— se archive en muchos lugares y de manera atómica multimodal. Cuando evocas una crisis, cuando una pareja rememora su divorcio o una madre se acuerda de la pérdida de su hijo, el recuerdo no trae consigo todos los elementos del acto existencial. En caso contrario, se paralizaría nuestra vida en el momento de experimentar el dolor. Pero reconstruimos la pérdida y, al hacerlo, le damos nuevos colores y sabores al proceso de interpretación.

¿Qué dijiste en la mesa en la comida de ayer y qué comiste? Recordarás algunas cosas, pero no la mayoría. Pero si tu Yo te estimulara a crear, probablemente construirías muchas ideas sobre tus pensamientos y tus alimentos. Miles de educadores, coordinadores pedagógicos y administradores de escuelas y de universidades participan en mis entrenamientos de gestión de la emoción, del proceso de aprendizaje, del proceso de formación del Yo y de construcción de pensamientos. Procuro ocasionarles un shock intelectual al preguntarles: si no recuerdan lo que pasó hace veinticuatro horas, ¿cómo tienen el valor de exigir que sus alumnos se acuerden en los exámenes? Recordar no es remembrar, sino reconstruir. Una de las mayores atrocidades que el sistema educativo ha cometido contra los alumnos, incluidos los ministerios de educación de los más diversos países, destruyendo miles de pensadores o genios en el camino, fue exigir una habilidad que la memoria nunca tuvo: recuerdo puro en los exámenes.

Analizar la audacia, el razonamiento esquemático, la riqueza del pensamiento antidialéctico-imaginación, las teorías de la innovación y el proceso de interacción en el salón de clases son parámetros fundamentales. Es posible otorgar una calificación máxima a un "rebelde" que se equivocó en todos los datos. Y cuidado, él podrá contribuir más a la humanidad que mil alumnos mentalmente encarcelados por el sistema. Al final de esta obra narraré mi historia escolar, no mi gloria, calificaciones altísimas, genialidad o títulos, sino mi caos, mi drama, mis lágrimas y cómo me reinventé y no me incliné ante los que no apostaron por mí, fueran profesores o compañeros.

Prefiero llamar "ventanas" a los lugares de la memoria y no archivos, porque al describirlos entendí que no son meros registros —como los chips de las computadoras—, sino lugares multifocales, con miles o millones de datos, cuyo sistema de relaciones es responsable de lo que somos, lo que vemos, cómo reaccionamos e interpretamos. Por ejemplo, alguien te criticó. Tú no rescatas solamente los archivos específicos para entender una crítica específica, dicha por una persona específica y en un momento dado. La lectura de la memoria, además de ser rapidísima e imperceptible a la consciencia, realiza un rescate multiangular; hay RPSd (representaciones psicosomáticas directivas que contienen el hecho), y RPSa (representaciones psicosomáticas asociadas que contienen, precisamente, los hechos asociados). Por eso al interpretar la crítica, puedes exasperarte y sufrir ataques de ansiedad, a causa no de la crítica del presente, sino de innumerables otras críticas ya dichas, y a causa no del agente crítico del presente, sino de los agentes críticos del pasado.

Muchas parejas, padres e hijos, profesores y alumnos entran en conflicto y discuten no a causa de los comportamientos del presente, sino porque no reciclaron la basura del pasado, como resentimientos y frustraciones. No entendieron que son imperfectos que viven con personas imperfectas.

Las personas pueden ser violentas si tuvieron un pasado violento. El rescate de la memoria arrastra las locuras que vivieron en el pasado, y no el estrés del presente. Muchas veces, los psiquiatras y psicólogos piensan que están interpretando a sus pacientes e interactuando con ellos, pero si su Yo no se entrena para vaciar su ego y la impulsividad interpretativa, estarán analizándose más a sí mismos y hablando más de ellos que de sus pacientes. En ese caso, el paciente paga la consulta o la sesión para que el propio psiquiatra y psicoterapeuta se "traten".

Existen tres tipos de ventanas de la memoria:

- *Neutras*: corresponden a más de 90 por ciento de todas las áreas de la memoria. Albergan miles de millones de informaciones sin contenido emocional, tales como números, direcciones, teléfonos, conocimiento escolar y profesional, datos ordinarios.
- *Killer*: conciernen a todas las áreas traumáticas de la memoria, con contenido emocional angustiante, fóbico, tenso, depresivo y compulsivo. Almacenan registros de

frustraciones, pérdidas, crisis, traiciones, miedos, rechazos, inseguridades, odio e ira. *Killer* en español significa "asesino"; estas ventanas controlan, amordazan, asfixian el liderazgo del Yo.

- *Light*: engloban todas las áreas con contenido placentero, tranquilizador, sereno, lúcido, coherente. Reúnen los registros de experiencias y emociones saludables, como superación, valor, sensibilidad, capacidad de ponerse en el lugar del otro, de pensar antes de actuar, de amar, de solidarizarse, de tolerar. *Light* significa "luz"; esas ventanas iluminan el Yo, cimentan su madurez, lucidez y coherencia.

Como vimos, algunas ventanas *killer* pueden ser tan poderosas que se vuelven estructurales o doble P, es decir, con doble poder: encarcelar el Yo y expandir la propia ventana o zona de conflicto. Las ventanas traumáticas doble P poseen un gran poder de atracción y accesibilidad. Cuanto más se ancla el Yo en una ventana de ese tipo y recrea sus pensamientos angustiantes y emociones asfixiantes, más se expanden por la acción del registro automático de la memoria (fenómeno RAM) o biógrafo del cerebro.

Cuando tenemos una ventana *killer* solitaria común, puntual o uniforme en la corteza cerebral, no llega a enfermarnos. Sin embargo, cuando se forma una ventana *killer* doble P, la realimentación expande su núcleo estresante y se constituye una zona de conflicto que expresa de manera espontánea una característica enfermiza de la personalidad. Para que un trauma sea capaz de enfermarnos, necesita generar una zona de conflicto, con miles de ventanas *killer* circundando el núcleo enfermizo.

Cada vez que el ancla emocional se afianza en una ventana *killer* poderosa, genera un híper foco que nos lleva a reaccionar como animales y a expresar el síndrome depredador-presa. En la era de la intoxicación digital, si la gestión emocional es escasa, consecuentemente el nivel de tolerancia será bajo, la empatía será mínima, habrá una incapacidad de ver un encanto en los defectos ajenos. En ese caso, los padres pueden ser depredadores de sus hijos a causa de pequeñas contrariedades, y los hijos pueden ser depredadores de sus padres debido a pequeñas decepciones.

Las casas y departamentos dejan de ser hogares y se convierten en arenas donde, por desgracia, las personas que más se aman se vuelven gladiadoras unas con otras. Sé honesto: ¿tu casa es un hogar o una arena?

No hace mucho tiempo, más de 70 por ciento de una audiencia conformada por militares de alto rango y otra constituida por educadores y psicólogos bien preparados, levantaron la mano ante uno de mis cuestionamientos, reconociendo que repiten cuatro o más veces la misma reprimenda a sus hijos o a su pareja. Bromeé: ustedes no tienen vergüenza, son insoportables. Ellos se rieron, pero el caso es para llorar.

LA INDUSTRIA DEL DIAGNÓSTICO DEL ESPECTRO AUTISTA Y LA INTOXICACIÓN DIGITAL

El híper foco representa un problema, pues genera el síndrome depredador-presa, pero la ausencia de foco conlleva otro grave problema. En el híper foco, se reacciona impulsiva y agresivamente. En ausencia de foco, no hay concentración, pues la intoxicación lleva al ancla emocional a pasear por muchas áreas de la MUC (memoria de uso continuo), lo que impone un déficit cognitivo y de aprendizaje y, lo que es peor, un déficit en la utilización de las experiencias de vida que contienen límites, pérdidas, frustraciones, elogios, apoyos; eso conduce a la infantilización del Yo y a la dificultad de construir puentes sociales. Esos fenómenos han dado fundamento a otro problema grave: la "industria" del diagnóstico de autismo.

Sin duda, se ha registrado un incremento del autismo, pero las personas no son autistas, son seres humanos que presentaron déficits psicodinámicos en la construcción de pensamientos y en la formación del Yo, de los que se habla hace poco. Son múltiples las causas del autismo —un trastorno con un amplio espectro—, o bien de niños cuyos comportamientos simulan el autismo, pero no son autistas. Las causas ligadas a los propios niños son la aversión al aburrimiento, dificultad para la interiorización, déficit de registro de experiencias socioemocionales, ansiedad o intranquilidad mental, intoxicación digital, posibles alteraciones genético-metabólicas.

Todas esas causas dificultan la actuación del biógrafo en el cerebro en los niños —el fenómeno RAM—, y en consecuencia la formación de millones de ventanas, ya sean *light* o tensas y, por lo tanto, con alto contenido emocional, que propician la formación del Yo y la sociabilidad. Algunos pueden argumentar: "Pero un bebé no puede estar intoxicado digitalmente todavía". Esto es cuestionable. En muchos casos, cada día los padres exponen a sus hijos a las pantallas digitales, aunque sea por algunos minutos, para distraerlos un poco o para que se tranquilicen cuando van a lactar o comer. En ello reside el riesgo. El fenómeno RAM registra una cantidad enorme de alternancia de imágenes y sonidos, pero no de experiencias emocionales intensas que fomentan la socialización; sofocando la interacción. El debilitamiento de la capacidad del biógrafo del cerebro para registrar experiencias interpersonales emocionalmente profundas aumenta el riesgo de diagnosticar el autismo, un dictamen equivocado.

Además, y ésta es una sospecha, la longitud de onda azul de las pantallas altera los niveles de melatonina en los bebés, lo que a su vez modifica el ritmo del sueño aumentando los niveles de ansiedad; dificulta el registro de experiencias que genera los más diversos tipos de ensimismamiento o clausura social. No son autistas, son niños y adolescentes que alteraron la dinámica de la emoción y la actuación del biógrafo en la corteza cerebral.

Los padres, maestros, compañeros pueden estar involucrados, sin saberlo, en los casos de una mente que manifiesta síntomas parecidos al espectro autista. ¡Sí! Los niveles de ansiedad y la híper aceleración de pensamientos (SPA), con la consiguiente intoxicación digital, disminuyen la estimulación interpersonal y generan el déficit de construcción de la emocionalidad en los niños y bebés (recuerda que la emoción determina la calidad del registro). Por eso las técnicas más poderosas para el tratamiento del espectro autista —o de niños que al parecer lo son, pero no es así— involucran la emocionalidad. Con ellos, siempre he usado la TTE: técnica de la teatralización de la emoción.

Está en mi lista escribir el libro *La historia del niño que no pensaba*. Se trata del caso gravísimo de una persona diagnosticada como autista que dio un salto fascinante en su proceso de aprendizaje (que involucra el registro en la memoria, el rescate, la reorganización de los datos, el archivo de las ventanas socioemocionales, la utilización de verbos de manera espacio-temporal), en su complejo sistema cognitivo (que involucra el pensamiento deductivo, inductivo, intuitivo, la síntesis, el raciocinio esquemático, la formación del Yo) y en su sociabilización (autoidentidad, roles sociales, empatía, altruismo, solidaridad, resiliencia, pensar en las consecuencias sociales). Como no es el objetivo de este libro, pero hay muchas personas que se encuentran desesperadas, haré una síntesis de la TTE.

Objetivos de la impactante técnica TTE de gestión de la emoción

El primer gran objetivo de la TTE es promover la emocionalidad; el segundo es originar el fenómeno RAM con la emocionalidad generada; el tercer objetivo notable es activar la psicodinámica de los copilotos del Yo (gatillo, ventanas, ancla emocional y autoflujo), que son los fenómenos inconscientes que construirán miles o millones de pensamientos y emociones, y que van tejiendo la colcha de retazos de la personalidad.

¿Cómo se aplica la TTE? Apoyar con sonoridad, efusividad, solemnidad, aplausos, cada comportamiento saludable del bebé o del niño, como un momento de calma, un comportamiento dócil, una actitud altruista, una orden obedecida. Se debe hacer fiesta por cualquier cosa, pero no de forma prolongada. El bebé, el niño o incluso un adolescente autista o aquellos cuyos comportamientos apuntan a que tienen el trastorno, no entenderán los complejos objetivos involucrados en esta técnica. Pero, a lo largo de las semanas o meses, la técnica estimulará su emoción, que incitará al biógrafo del cerebro, quien provocará a los actores coadyuvantes del Yo, que cimentarán su formación, crearán puentes sociales, que harán que ellos adopten nuevos comportamientos saludables para conquistar nuevos aplausos, cerrando así el ciclo. No es magia. El proceso es lento; pero, en semanas, el sol comienza a aparecer.

¿Y qué hacer cuando el bebé o el niño comienzan a hacer un berrinche, o un adolescente tiene comportamientos agresivos o realiza acciones rituales? Padres, ustedes son increíbles y tienen hijos increíbles. ¡No agredan! ¡No castiguen! No eleven el tono de voz. ¡No den sermones! Se espera que existan esos comportamientos. Deben aplicar la TTE al contrario, mostrando ahora teatralmente su tristeza, su dolor, su sentimiento de que fueron lastimados. Y deben salir de escena rápidamente, no convertirse en audiencia. Recuerden: "Los padres-audiencia estimulan a sus hijos a manifestar el berrinche", tengan o no un espectro autista.

Pero ¿la TTE no generará hipersensibilidad? Sí, pero, si lo hace, has acertado en su práctica. Es mucho más fácil corregir la hipersensibilidad que la insensibilidad. Pero ¿esto no podrá generar un sentimiento de culpa en mis hijos, si les muestro mi dolor o decepción? Puede y debe. La ausencia de culpa forma psicópatas, la presencia suave fortalece mentes sociables (nuestro objetivo) y la presencia excesiva construye mentes ansiosas. Equilibra con el tiempo la técnica TTE: ellos aprenderán a pensar en las consecuencias de sus comportamientos, y sentirán una culpa suave, fundamental para ejercer sus derechos y deberes sociales. Lo que me preocupa muchísimo es que, en la era de la intoxicación digital, millones de niños y adolescentes, que en apariencia no enfrentan grandes conflictos, están desarrollando —en todas las naciones "modernas"— rasgos de psicopatía, de insensibilidad, de crueldad, de radicalismo, de despreocupación por el dolor ajeno. La técnica TTE de gestión de la emoción puede funcionar como una vacuna socioemocional.

El gran riesgo es que los padres cuyos hijos son diagnosticados con autismo, o que tienen comportamientos semejantes a él, al verlos mejorar su aprendizaje, cognición y socialización interrumpan la TTE antes de que creen millones de ventanas, con miles de plataformas de ventanas capaces de expresar habilidades socioemocionales.

Sinceramente, la interrupción es común y compromete la evolución de la personalidad.

¿Cuántas veces debemos aplicar la TTE por semana? Semana, no; decenas de veces por día. ¿Por cuántos años? Depende, pero por lo menos durante tres o cuatro años de manera ininterrumpida. ¿Quién debe participar? Todos los que están alrededor: madre, padre, otros hermanos, abuelos, maestros, compañeros. ¿Quién más practica la técnica de la teatralización de la emoción? Las madres. Ellas son únicas. Algunos padres lo hacen también, pero a muchos les cuesta trabajo y también no pocos maestros. Admiraban la técnica, pero se perdían en sus actividades, y la empleaban esporádicamente.

La técnica TTE (técnica de la teatralización de la emoción) debería practicarse no sólo con alumnos especiales, sino también de manera suave en estudiantes de todas las clases, de preescolar a posgrado, en todas las familias y en todas las empresas, pues ella cimenta los pilares centrales de la socialización: la empatía y la capacidad de pensar antes de reaccionar.

Recibí, a mucha honra, el título de embajador de la Asociación Brasileña de los Amigos de los Autistas, por mis estudios, libros y trabajo en el área de entrenamiento de los profesionales de la salud, como médicos y psicólogos, así como padres y maestros. En primer lugar, el autismo no es una enfermedad clásica, sino más bien un trastorno multimodal, multicausal y multiespectral ligado al déficit de registro de información y experiencias que retraen la compleja construcción de pensamientos y la sociabilidad. Como he mencionado, tal déficit de registro puede mejorarse, a veces mucho. Reitero, en todo el mundo hay errores graves en el momento de diagnosticar el espectro autista. Y, además, clasificar a un niño o a un adolescente como autista por déficit de aprendizaje, déficit cognitivo o de socialización, puede etiquetarlos de por vida de una manera atroz, y estremecer completamente los suelos de la mente de los padres.

Cuidado con los diagnósticos. Sirven para guiar la conducta terapéutica, pero no para encarcelar. En el libro *El futuro de la humanidad*, en la obra teatral derivada de él y en el largometraje que se basará en él, critico severamente el encarcelamiento causado por las etiquetas.

Quien tiene una enfermedad mental o un trastorno emocional temporal, y los supera o se reinventa, se psicoadapta y desarrolla nuevas habilidades, se vuelve más bello, interesante, inteligente, fascinante, incluso los autistas y los no autistas.

Cargar con el estigma de enfermo mental o intelectual incapaz es una atrocidad; los autistas no son enfermos, tienen limitaciones que pueden ser superadas. Aquellos profesionales de la salud que son competentes, pero no tuvieron la oportunidad de estudiar la frontera más compleja de la ciencia, que es el proceso multiangular de la construcción de pensamientos, la formación del Yo y de las plataformas de ventanas socioemocionales, apuntalaron el diagnóstico de autismo.

Recuerda la crítica que hice del diagnóstico de TOD (trastorno de oposición desafiante), que en realidad es fruto de una estrategia pedagógica inadecuada de los padres, quienes recurren al trinomio reacción explosiva-culpa-sobreprotección en la relación con sus hijos rebeldes, desobedientes, difíciles, reactivos, agresivos. Usen la TTE con ellos de manera delicada y continua. Verán que ellos son menos rebeldes y difíciles de lo que imaginan, y probablemente ustedes estén retroalimentando en ellos aquello que detestan. Ahora tenemos que repensar la industria del diagnóstico del "autismo".

¡Las TÉCNICAS DE GESTIÓN DE LA EMOCIÓN son fundamentales cuando se aplican diariamente en niños y adolescentes con TEA (trastorno del espectro autista), TSA (trastorno que simula el autismo), TDAH (trastorno de déficit de atención e hiperactividad) y SPA (síndrome del pensamiento acelerado! ¡Esas técnicas son esenciales para la formación saludable del Yo, para fortalecer el proceso de construcción de pensamientos, desarrollar la socialización y promover las habilidades socioemocionales, como autocontrol, consciencia crítica, empatía, pensar antes de reaccionar, generosidad, resiliencia! ¡Deben aplicarse en el ambiente social (casa, escuela) pues complementan el tratamiento realizado por psiquiatras, psicólogos, fonoaudiólogos, neurólogos, pediatras, terapeutas ocupacionales, etcétera! ¡El tratamiento en el consultorio es importante, pero insuficiente, por eso es vital utilizar esas técnicas en el ambiente social! Todas tienen como objetivo generar una alta emocionalidad para destrabar o estimular al biógrafo inconsciente de la personalidad, el fenómeno RAM (registro automático de la memoria), con el fin de expandir el registro de experiencias e información y promover la evolución de la personalidad:

1. **TTE (técnica de la teatralización de la emoción).** En la TTE los padres, abuelos, amigos y maestros elogian los comportamientos saludables y se entristecen ante comportamientos agresivos de los niños y adolescentes autistas o con otros trastornos, con el propósito de dar lugar al fenómeno RAM para que acelere el registro de experiencias socioemocionales y formar plataformas de ventanas en la MUC (memoria de uso continuo) que, como dije, promoverán el proceso de construcción de pensamientos y los más diversos niveles de socialización. Dado que su puesta en práctica es simple, la TTE debería realizarse por lo menos diez veces al día! ¡Nunca castigues a un niño que hizo un berrinche o manifestó reacciones agresivas; teatraliza cómo eso te lastimó; esto va a generar, a lo largo de los meses, la tan anhelada empatía.

2. **TBR* (técnica de jugar repitiendo palabras).** Consiste en que los padres lean un pasaje de un libro ilustrado, diciendo dos o tres palabras, con el propósito de que el niño las repita. De esa manera se cuenta la historia. Se pueden usar los movimientos del baile, dar palmadas, en fin, imprimir mucha emoción. Utiliza la TTE para exaltar y aplaudir el éxito del niño cuando repita las palabras, pero sin dar ninguna importancia al error o mostrar tristeza, ya que el niño no ha manifestado agresividad. ¡Hazlo dos a tres veces por día!
3. **TBC (técnica de jugar cantando).** Canta con el niño melodías divertidas y alegres, y enséñale la letra. Sé festivo, baila, bate palmas. Flexibiliza tu mente, pues los educadores tienen que ser más divertidos que los personajes de la televisión o de las redes sociales. De vez en cuando, puedes grabar al niño mientras canta, para que se escuche y perciba espontáneamente que, cuando lo hace, manifiesta seguridad en sí mismo y socializa. La dos técnicas anteriores ayudan incluso a tratar la tartamudez, pues los niños hiperactivos o ansiosos suelen tener dificultades para formular palabras tres veces más que otros niños.
4. **TBS (técnica de jugar con la secuencia de palabras fonéticas semejantes).** Es un ejercicio muy sencillo y fácil de hacer. Por ejemplo, los padres repiten una o dos veces una misma frase sencilla: “El sapo cantó en la laguna”.

* La letra “B” en el acrónimo de los nombres de las técnicas corresponde a la palabra portuguesa *brincar*, palabra que en español significa “jugar”. Se conservaron las siglas para no alterar los nombres ni su identificación. *(N. de la T.)*

> Después, los padres u otros educadores dicen la primera palabra y se detienen, y piden al niño que termine la secuencia. Cada vez que el niño acierte, aplica la TTE aplaudiendo, elogiando. Pero, si se equivoca, no muestres tristeza, pues aquí no hay comportamiento agresivo por parte del niño.

Estamos en la era de la enfermedad colectiva de los niños y adolescentes. Cometemos un crimen inenarrable en el proceso de la formación de su personalidad en esta era digital. Estas técnicas (en especial la TTE) son tan poderosas, incluso para niños sin ningún trastorno aparente, que pueden contribuir mucho a la formación de mentes libres y emocionalmente saludables.

PARA RECORDAR SIEMPRE:

¿Cómo se aplica la TTE*? Apoyar con sonoridad, efusividad, solemnidad, aplausos, cada comportamiento saludable del bebé o del niño, como un momento de calma, un comportamiento dócil, una actitud altruista, una orden obedecida. Se debe hacer fiesta por cualquier cosa, pero no de forma prolongada. El bebé, el niño o incluso un adolescente autista o aquellos cuyos comportamientos apuntan a que tienen el trastorno, no entenderán los complejos objetivos involucrados en esta técnica. Pero, a lo largo de las semanas o meses, la técnica estimulará su emoción, que incitará al biógrafo del cerebro, quien provocará a los actores coadyuvantes del Yo, que cimentarán su formación, crearán puentes sociales, que harán que ellos adopten nuevos comportamientos saludables para conquistar nuevos aplausos, cerrando así el ciclo. No es magia. El proceso es lento; pero, en semanas, el sol comienza a aparecer.*

Capítulo 7

LAS PODEROSAS TÉCNICAS DE GESTIÓN DE LA EMOCIÓN EN EL COMBATE CONTRA LOS ESCLAVOS DIGITALES

Una mente agotada, tensa y estresada, enferma y debilita la inmunidad del organismo.

Proteger la mente y gestionar los pensamientos y emociones es tu mayor responsabilidad, pues, si eres irresponsable en preservar los recursos naturales del planeta mente, podrás ser importante para la sociedad, pero serás un verdugo de ti mismo.

Hoy en día atestiguamos una epidemia de suicidios, depresión, ansiedad y enfermedades psicosomáticas en todo el mundo. En la época en que cursé la facultad de medicina, una de cada veinte personas desarrollaba algún tipo de cáncer. Se podía uno imaginar que, en el siglo XXI, gracias al control de los factores episódicos (tabaquismo, alcoholismo, pesticidas, contaminación ambiental), las estadísticas serían más amables: un caso de cáncer en cincuenta o incluso en cien personas. Estamos en uno por cuatro, es decir, una de cada cinco personas desarrollará un tumor cancerígeno; pero los factores genéticos y episódicos y el envejecimiento de la sociedad no explican ese caos mundial. He alertado que nos estamos metiendo con la caja negra del funcionamiento de la mente, y las consecuencias son devastadoras.

Hoy esperamos a que las personas enfermen para después tratarlas, lo cual es una injusticia dantesca. El síndrome de pánico, la depresión severa, los trastornos de la alimentación y de la autoimagen son cárceles mentales que aprisionan el Yo, la capacidad de elegir, la autodeterminación. Debemos entender quiénes somos, tenemos que entender los bastidores de la mente.

Vivimos hacinados en las escuelas, las empresas, los congresos, las reuniones, pero nunca hemos sido tan solitarios.

Vivimos la peor soledad cuando no somos capaces de cuestionarnos a nosotros mismos y conocernos.

En la adolescencia, el Yo debería estar ya razonablemente formado para gestionar los pensamientos y emociones, relajarse, no sufrir por anticipación, no angustiarse con ideas perturbadores ni exigir de más a sí mismo y a los demás. En la vida adulta, el Yo debería estar ya estructurado al punto de asumir a plenitud la capacidad de liderazgo de su mente, lo que, por desgracia, no sucede. ¿Tú vives en la superficie o en las capas profundas del planeta psíquico?

¿Dónde están las personas maduras? ¿Quién es el gestor de la propia emoción? ¿Quién administra sus propios pensamientos perturbadores? Muchas personas administran su portafolio de acciones, su carrera profesional, sus sitios web y sus redes sociales, pero no dirigen la única empresa que jamás puede fallar porque, si lo hace, todo el resto se desmorona: la propia mente.

EL PILOTO ES LENTO PARA DIRIGIR LA MENTE EN SITUACIONES DE RIESGO

El Yo enfermo es parsimonioso para percibir los focos rojos que se encienden en el panel de la salud psíquica y del estrés cerebral. Somos irracionales en el único lugar en que deberíamos ser inteligentes y saludables: dentro de nosotros mismos.

Las escuelas preparan a los alumnos para aprender matemáticas, pero no preparan al Yo de cada uno de ellos para conocer las matemáticas de las relaciones sociales, donde dividir es sumar.

En las matemáticas, toda división reduce las cantidades, pero en las relaciones sociales ocurre lo contrario. Los alumnos que no aprenden a dividir, en el sentido de compartir, su atención, sus sentimientos, su tiempo y su respeto desarrollan no sólo un cerebro ansioso y estresado, sino también un Yo egocéntrico, individualista, que no sabe trabajar en equipo y que no se preocupa por las angustias ajenas.

Los maestros que saben transmitir información, pero que no consiguen compartir los momentos importantes de su propia historia con sus alumnos, están capacitados para programar computadoras, pero no para formar pensadores afectivos, altruistas, generosos y que protegen el cerebro de un estrés enfermizo. Ese tipo de educación forma herederos inmediatistas, derrochadores irresponsables que no saben construir un legado. Además, los maestros estresan también su propio cerebro, pues enseñan sin interés, sin encanto, sin emoción.

Los niños y adolescentes que no aprenden a compartir su ropa y otros objetos con sus hermanos o amigos podrán desarrollar su personalidad con disputas irracionales en el futuro, no beberán de las aguas de la tranquilidad y de la solidaridad. Quien es individualista estresa su cerebro y el de las personas que lo rodean. Quien es egocéntrico ha encarcelado su propio ego. Un Yo superficial tiende a educar a un Yo superficial. Un Yo enfermo tiende a formar el Yo de quien ama de manera enferma también. Por fortuna, la mente es plástica, a tal punto que no pocos hijos de padres alcohólicos acaban teniendo aversión a la bebida, los hijos de padres deprimidos pueden ser alegres, y los hijos de padres pesimistas pueden volverse optimistas y audaces.

Un Yo que no está preparado para ser líder de su mente no sabe que una pequeña acción, como una mirada de desprecio o un apodo ofensivo, puede crear ventanas *killer* con alto poder de atracción, agregar otras ventanas y conducir a la formación de una plataforma que desencadenará características enfermizas de personalidad, como el odio, la violencia, el rechazo a sí mismo y la timidez.

Las personas que son excesivamente críticas, que no se andan con rodeos, que dicen todo lo que se les viene a la mente, tienen también un Yo mal alimentado. Algunos están tan intoxicados y ansiosos que dicen con orgullo: "Doctor Cury, yo no llevo conflictos a la casa". Yo los miro fijamente a los ojos y les respondo: "¡Claro, tú no tienes autocontrol! No llevas los conflictos a la casa física, pero abarrotas de basura tu casa mental y también la psique de los demás". Viven estresados y estresando a sus hijos, su pareja, sus alumnos, sus compañeros de trabajo. Pueden ser excelentes para criticar a los demás, atrevidos para decir lo que piensan, pero inmaduros para reflexionar y protegerse.

¿Qué educación es esa que nos enseña idiomas para comunicarnos con el mundo, pero no a comunicarnos con los miedos, las manías y las preocupaciones absurdas que se producen en nuestra mente?

¿Qué educación es esa que enseña la física, la ley de la acción y reacción, pero no la hermosa física de la emoción, que demuestra que nunca debemos vivir según el binomio golpe-contragolpe?

LA JORNADA INTERIOR QUE DEBERÍAMOS SEGUIR

La carga genética, el ambiente intrauterino, las relaciones familiares y el sistema educativo contribuyen a la creación de miles de ventanas con millones de experiencias. Sin embargo, durante el proceso de formación de la personalidad, a medida que el niño comienza a decidir lo que quiere, el Yo debería empezar a proteger su emoción, a filtrar los estímulos estresantes y a tomar decisiones.

Durante la adolescencia, el Yo debería proteger la memoria, así como desarrollar la habilidad de dejar de ser víctima de los conflictos psíquicos, sociales e incluso de las influencias genéticas, y comenzar a escribir el libreto de su propia vida. En la vida adulta, el Yo debería tener consciencia de sus roles y ejercerlos con madurez. Nadie podrá hacer esa tarea por el Yo. Como máximo, podrá encontrar la ayuda de un psiquiatra o psicoterapeuta y la influencia de padres, maestros, amigos, filósofos, religiosos, libros e información.

Tanto el Yo autocompasivo —que tiene lástima de sí mismo, que se cree desafortunado, incapaz de cambiar su situación— como el Yo conformista, complaciente —que vive en el fango del continuismo, que no se arriesga a caminar por lugares nunca antes recorridos—, vivirán en la cárcel del aburrimiento, no serán ingenieros de su propia historia. Un tedio ligero es importante, genera una ansiedad saludable y nos impulsa a crear, recrear, reinventar. Pero el tedio tóxico, generado por el exceso de uso de dispositivos digitales e internet, produce una insatisfacción crónica, una ansiedad enfermiza, una incapacidad de hacer de las pequeñas cosas un espectáculo a los ojos.

El Yo saludable debe ser un ingeniero de ventanas *light*, un protector de la memoria, un agente que disminuye el estrés cerebral. Un Yo ingeniero determinará su futuro emocional, su éxito en establecer relaciones saludables e incluso su eficacia para liberar su creatividad.

Somos muy hábiles para explorar los yacimientos de petróleo y de las minas, para reivindicar nuestros derechos sociales, pero no para explorar nuestra psique y reivindicar nuestros derechos intrapsíquicos: una mente libre, una emoción saludable, un intelecto relajado y una inteligencia creativa.

El gran garante de esos derechos es la formación de un Yo consciente, autocrítico, coherente, mesurado, determinado y con niveles elevados de audacia.

El Yo desempeña muchísimos papeles fundamentales en el teatro psíquico y social, como atreverse, debatir, tener un pensamiento crítico, ser empático, pensar antes de reaccionar, construir puentes, emprender, ser resiliente, innovar, contemplar lo bello, psicoadaptarse a las situaciones difíciles, tener un efecto en las personas y un propósito de vida, entregarse, ejercer sus derechos, cumplir con sus labores. Y todas esas funciones se cumplen gracias a su magnífico papel de gestión de la emoción y de los pensamientos. Por eso, ese rol es un programa, y no sólo una habilidad.

¿Qué es la gestión de las emociones y de los pensamientos?

¿Tu Yo es un ingeniero de su propia historia, o un siervo que se somete a las órdenes de los conflictos y de la excesiva preocupación por la imagen social?

El programa de gestión de la emoción y de los pensamientos consiste en:

- Educar y entrenar al Yo para gestionar los sentimientos tensos, como el estrés intenso, la intolerancia a las frustraciones, la impaciencia, la irritabilidad, la impulsividad.

- Educar y entrenar al Yo para intervenir en la calidad de los pensamientos inalterables, perturbadores, mórbidos y autodestructivos que fomentan las preocupaciones y las tormentas mentales.
- En ese entrenamiento, usar frecuentemente métodos como la DCD, la técnica del Yo como consumidor emocional responsable (la salud emocional vale oro, no se puede vender) y la técnica de la mesa redonda del Yo.
- No ser un espectador pasivo y dirigir el guion de tu vida.
- Ser libre para pensar y sentir, pero no ser esclavo de los pensamientos y de las emociones.
- Administrar las expectativas y proteger la emoción en los focos de tensión.
- Reciclar la timidez, la inseguridad, la híper reactividad e impulsividad.
- Dar un golpe de lucidez al pesimismo, al conformismo, a la autocompasión, al egocentrismo.
- Reciclar el sentimiento de culpa, las fobias y la exigencia a sí mismo.
- No gravitar en torno a los problemas, ni inclinarse ante el dolor; usar el caos y las pérdidas como oportunidades constructivas.
- Filtrar los estímulos: no sufrir por el futuro ni rumiar el pasado.
- No ser verdugo de uno mismo, no exigirse de más, desacelerar la mente y valorar el descanso: vacaciones, días feriados, fines de semana.
- Aprender a trabajar el autocontrol, la autonomía y el protagonismo.

- Educar la mente para ser tranquila, pacífica, lúcida y sensata.
- Enamorar a la vida antes de enamorar a alguien: vivir en forma más ligera y contemplativa.
- Entrenar diariamente para ser autor de la propia historia.

Una persona madura no le da la espalda a los problemas, sino que aprende a transformar el caos en una oportunidad para crecer. No deja de escribir su propia historia a pesar de las lágrimas y frustraciones. Para ser el guionista de tu vida, necesitas aprender a administrar la ansiedad y a poner tu salud mental y tus relaciones íntimas a la cabeza de tu lista de prioridades.

Una persona líder de sí misma y, por lo tanto, gestora de su emoción, tiene más capacidad de contribuir a formar personas serenas. Una persona feliz y saludable cuenta con más posibilidades de hacer felices y saludables a los demás.

Una persona estresada tiene más probabilidades de enfermar a los otros.

Gestionar los pensamientos y ser libre para pensar, y no ser esclavo de los pensamientos. Si dejas de escribir tu propia historia, probablemente tus errores, conflictos y traumas la escribirán.

¿Qué haces con tus pensamientos angustiantes? ¿Cómo reaccionas ante los fantasmas fóbicos que te atormentan, como la alodoxafobia, o miedo a los *haters*, a los discursos de odio y a las críticas crueles? La alodoxafobia se está convirtiendo en la fobia más común en la era de la intoxicación digital. ¿Qué hacer? Practicar con frecuencia la técnica DCD, la técnica del Yo como consumidor emocional responsable y la técnica de la mesa redonda del Yo. Estos métodos son poderosos y pueden aplicarse para domesticar a nuestros vampiros emocionales, incluso el miedo a las cancelaciones.

No es posible controlar la ansiedad o el estrés y alcanzar el propio control si nos abandonamos a nosotros mismos en el camino. Hay profesionales excelentes que a veces son insuperables para sus instituciones, pero pésimos para sí mismos. Se ponen en último lugar en sus agendas. Como no aprenden a proteger su memoria, administrar sus pensamientos y gestionar el estrés, acaban convirtiéndose en sus propios verdugos.

La ansiedad tóxica es un estado de tensión emocional generado por conflictos, fobias, pérdida, frustración, traición, envidia, celos, sentimiento de incapacidad, así como por exceso de trabajo intelectual, de información, de preocupación y por el uso desmedido de internet y de las redes sociales en general. El estrés es un estado de ansiedad canalizado hacia el metabolismo cerebral y genera síntomas psicosomáticos, es decir, manifestaciones físicas.

Pero hay un tipo de ansiedad y estrés saludable, que anima y preserva la vida.

La ansiedad saludable inspira, motiva, anima, alienta a ser curioso y a recorrer lugares nunca antes explorados.

La ansiedad enfermiza agota el cerebro a tal punto que compromete la capacidad de respuesta y el autocontrol, promueve la intolerancia y genera síntomas psicosomáticos.

Cuando estás en una situación de riesgo —por ejemplo, ante la inminencia de sufrir un accidente automovilístico, la mordida de una serpiente o incluso una crítica intensa—, tu ansiedad se eleva rápidamente, aumenta tu presión arterial, tu frecuencia respiratoria y tus latidos del corazón, preparándote para una reacción de fuga o de pelea. Ese estrés representa un mecanismo de defensa saludable que busca preservar la vida. De la misma manera, al presentar un examen, al iniciar una relación o al lanzarte en una aventura extrema, tus niveles de ansiedad y estrés pueden, en teoría, ser saludables y positivos.

Por otro lado, cuando la ansiedad genera una mente híper acelerada, intranquila, impaciente e impulsiva, el estrés que se produce es enfermizo. Este tipo de estrés, además de provocar síntomas psicosomáticos más duraderos, asfixia el ánimo, la motivación, la curiosidad, la resiliencia, el razonamiento esquemático y la capacidad de lidiar con las frustraciones.

La ansiedad y el estrés son nocivos cuando bloquean las habilidades intelectuales y emocionales y perpetúan síntomas físicos como cefaleas, dolores musculares, caída del cabello, hipertensión arterial y enfermedades autoinmunes.

Dejar de pensar en el problema, descartar los disgustos, irse de compras, ver la televisión, irse de vacaciones, huir de una atmósfera pesada y echar todo por la borda son técnicas que comúnmente se usan para aliviar el estrés. Pero ¿son eficientes? En general, no. Algunas son incluso destructivas.

Intentar desviar la atención o distraerse para superar el estrés y los conflictos son las perlas de las técnicas utilizadas por el Yo. Aunque la mayoría de las personas recurre a ellas tienen un bajo nivel de eficiencia. Por desgracia, millones de individuos que han sido víctimas de *bullying*, sufrieron pérdidas, traiciones y rechazos o atravesaron por crisis depresivas y ansiosas, intentaron usar esas técnicas y fracasaron.

Las personas que manifiestan todo, que no se guardan nada, que dicen ser siempre sinceras, en realidad tienen una gran falta de autocontrol. Lastiman a los demás con la intención de aliviar su propio dolor. Una persona que no traza un mapa de su irritabilidad, su intolerancia, su infantilismo, sus miedos, en fin, sus conflictos, se los lleva a la tumba. Las personas que no tienen el valor de adentrarse en las capas más profundas de la personalidad perpetúan sus cárceles mentales y sus ventanas *killer* quedan intactas. Esas personas tendrán miedo del futuro y se verán atormentadas por sus fantasmas mentales.

Las frustraciones, los resentimientos, las decepciones, las traiciones, no nutren por sí solas a la sabiduría, la capacidad de reinventarse, de ser líder de uno mismo, de aplaudirle a la vida. La tendencia es elaborar un registro involuntario e inconsciente en la memoria, que forma cárceles mentales. En el cerebro humano hay más cárceles que en las ciudades más violentas del mundo.

Rechazar a una persona, una ofensa, un estímulo estresante, negar un problema o intentar distraerse no resuelve nada, porque el biógrafo del cerebro, el fenómeno RAM, o registro automático de la memoria, almacena todo. Cuando existe un elevado nivel de tensión, el registro se ve favorecido y forma más cárceles mentales o ventanas *killer*. Decenas de millones de personas viven sin el oxígeno de la libertad en su propia mente. Y el biógrafo llamado RAM construye más cárceles todos los días. Por eso tienes que aprender a combatir, confrontar y discordar de cada pensamiento perturbador.

PRESENTACIÓN INICIAL DE ALGUNAS IMPORTANTES TÉCNICAS DE GESTIÓN DE LA EMOCIÓN

Es posible ser autor, ser protagonista y dirigir el guion de la propia vida. Para eso tenemos que dejar de ser el público y entrar en el escenario de la mente, convertirnos en protagonistas y directores de nuestro libreto. Sin embargo, el ser humano no actúa así; normalmente es conformista y autocompasivo, acaricia sus propios trastornos.

Tú puedes cepillarte los dientes y tomar un baño todos los días, pero si no realizas una higiene en tu mente, estarás cometiendo casi un crimen contra tu bienestar: tu salud psíquica. Intentamos mantener nuestro cuerpo libre de virus y bacterias, pero nuestra mente está llena de "gérmenes emocionales", saturada de pensamientos perturbadores, culpa, autocastigo, exigencia.

Para preservar tu salud emocional, aprende a no comprar lo que no te pertenece. Tú sabes que es importante ser un consumidor responsable, no puedes adquirir todo lo que ves, porque de otra manera tendrás dificultades para cumplir tus compromisos. Tú no vas a un supermercado y compras un producto dañado o cuya fecha de caducidad ha vencido.

Ahora, ¿cuando alguien te molesta, compras lo que no te pertenece? Una mala mirada en medio de una reunión, un comentario desdeñoso... ¿los compras?

Con frecuencia, las personas que más nos frustran y traicionan son las más cercanas, las personas a quienes nos damos y de quien esperamos algo a cambio. Es claro que los enemigos y las hostilidades nos frustran, pero las personas cercanas son quienes más pueden lastimarnos y robarnos la paz.

Tienes que aprender a no comprar lo que no te pertenece; ésta es una importante tarea del Yo.

Si no mantienes una actitud consciente y lúcida con tus relaciones interpersonales, difícilmente tendrás salud mental.

Es cierto que habrá decepciones en la convivencia humana. La vida se hará mucho más ligera y suave si entrenas tu habilidad de no comprar lo que no te pertenece. No seas un consumidor emocional irresponsable. Tu mente no puede ser una casa de puertas y ventanas abiertas, que otros invadan con facilidad y se roben lo mejor que tienes.

La técnica de la mesa redonda del Yo, construida por un diálogo interno inteligente, lúcido y decidido contra nuestros conflictos, contra la intoxicación digital, actúa fuera de los conflictos, fuera del ambiente donde las ventanas *killer* están abiertas; por lo tanto, opera más en la gestión de los pensamientos y, en consecuencia, también en la administración de la emoción. Es diferente a la herramienta DCD, una técnica que ejerce principalmente en los focos de tensión, cuando la ventana *killer* o traumática está abierta, por lo que actúa en la emoción, para después hacerlo en la administración de los pensamientos.

La técnica DCD debe aplicarse en crisis de ansiedad, ataques de pánico, reacciones fóbicas, sufrimiento anticipado por el futuro, cuando rumiamos las frustraciones, en el sentimiento de empequeñecimiento o estrés, que se pueden presentar durante los más diversos momentos en que estamos intoxicados digitalmente y agotados mentalmente, en fin, en cuanto se abre una ventana *killer*. Por lo tanto, como hemos visto, no la ejercitamos con mucha racionalidad, pronunciando grandes discursos o racionalizando el foco de la ansiedad, sólo desafiando poderosamente y confrontando con fuerza el cierre del circuito de la memoria. Realizamos la técnica de la mesa redonda del Yo con racionalización, ya que el foco de tensión y de la ansiedad o la tristeza causada por la intoxicación pasó ya hace algunos minutos u horas. En ese caso, el circuito de la memoria no está cerrado, los efectos del síndrome depredador-presa están en escena y, por lo tanto, antes o después de que atravesamos los valles del conflicto. Una técnica complementa a la otra y, a veces, se mezclan.

Al actuar en el foco de tensión, la DCD reedita la película del inconsciente, creando nuevas experiencias que se registran en los archivos enfermos. Y la mesa redonda del Yo actúa, como veremos, construyendo ventanas *light* saludables alrededor de las ventanas traumáticas o *killer*. Bienvenido a las herramientas con las cuales el Yo se convierte en un brillante autor de su propia historia, el director del guion, el gestor de tu mente.

LA TÉCNICA DEL DCD (DUDAR, CRITICAR, DETERMINAR)

Las herramientas de gestión de la emoción descritas a continuación añaden combustible a los sueños y la disciplina, transforman una crisis o acontecimiento indeseable en una fantástica oportunidad para reescribir las ventas *killer* y capacitar al Yo como autor de su historia. Esas técnicas son un excelente complemento de la psiquiatría y de la psicología clínica, pues se practican día a día, fuera del consultorio.

La técnica DCD es ideal para gestionar y proteger el delicadísimo y desconocido planeta mente:

- El arte de dudar es el principio de la sabiduría en la filosofía.
- El arte de criticar es el principio de la sabiduría en la psicología.
- El arte de la determinación estratégica es el principio de la sabiduría en el área de los recursos humanos.

La técnica del DCD debe aplicarse con emoción y valor. Debes dudar de todo aquello que te controla, criticar todo pensamiento perturbador y determinar estratégicamente a dónde quieres llegar.

Duda de todas tus falsas creencias. Por ejemplo:

- "Dudo que a las personas no les gustará lo que tengo que decir."
- "Dudo que seré rechazado en esa situación."

- "¿Será que voy a fracasar después de haberme preparado tanto?"
- "Dudo de cada pensamiento perturbador."
- "Dudo de lo que las personas piensan y hablan de mí."
- "Dudo de que esos monstruos que imaginé en mi cabeza sean reales."

Duda de que no puedes superar tus conflictos, tus dificultades, tus desafíos, tus miedos, tu dependencia. Duda de no ser auténtico, transparente y honesto contigo mismo. Duda de que no eres capaz de ser libre ni autor de tu propia historia. Duda de que no puedes brillar como padre o madre, como ser humano y como profesional. Recuerda que todo lo que crees te controla. Si no dudas con frecuencia de tus falsas creencias, ellas te esclavizarán y no podrás reeditar la película del inconsciente.

Critica cada idea pesimista, cada preocupación excesiva y cada pensamiento angustiante. Por ejemplo:

- "Critico mi pesimismo. ¿Por qué pienso de esa forma?"
- "¿Por qué ser víctima de esos sentimientos o pensamientos?"
- "¿Cuáles son las trampas que controlan mi vida en este momento?"
- "¿Qué es lo peor que puede ocurrir si me equivoco? ¿Qué es lo mejor que puede suceder si acierto?"
- "¿Por qué esa necesidad neurótica de ser perfecto?"
- "Nadie es perfecto, y nadie acierta todo el tiempo."

- "Critico mis miedos, la sobrevaloración de la opinión de los demás. Mis miedos son irreales; sólo existen en mi mente y puedo controlarlos."

Jamás olvides que cada pensamiento negativo debe combatirse con el arte de la crítica. Tu Yo tiene que dejar de ser pasivo, debe cuestionar la ira, el odio, la envidia. Critica la ansiedad, la intranquilidad mental, la necesidad de estar en el foco social. Cuestiona tu miedo al futuro, de no ser aceptado, de fallar.

Después de ejercer el arte de dudar y criticar en el escenario de la mente, practica la tercera fase de la técnica: determina estratégicamente ser libre, no ser esclavo de tus miedos y conflictos. Determina ser alegre, seguro, fuerte. Determina tener encanto por la vida, contemplar la belleza de la creación, luchar por tus sueños. Determina ser capaz de reeditar un momento de tu vida, perdonando a los demás y a ti mismo. Por ejemplo:

- "Decido que, a partir de ahora, tendré más seguridad para hablar en público."
- "Decido ser el autor de mi propia historia."
- "Decido gestionar mis emociones para convertirme en un ser humano cada vez mejor."
- "Determino confrontar mis fantasmas mentales. Decido ser libre."

Entre desear y determinar existe una laguna inmensa. No basta con desear; es preciso determinar con disciplina, incluso si el mundo se derrumba sobre ti. Determina luchar por tus sueños, por tener una mente saludable y generosa. Decide continuamente tener un romance con tu propia historia y jamás abandonarte a ti mismo. Determina agradecer más y reclamar menos, abrazar más y juzgar menos, elogiar más y condenar menos.

Entrégate a la práctica con tanta emoción como la de un abogado al defender a un cliente. Debes impugnar, confrontar y discordar de tus angustias psíquicas. La técnica del DCD puede reeditar las ventanas *killer* y oxigenar el centro de la memoria.

No olvides que determinar ser libre sólo tiene efecto si primero te entrenas en el arte de dudar y criticar. En caso contrario, el arte de determinar se volverá una técnica de motivación superficial que no soportará el fragor de los problemas cotidianos.

Aplica el método del DCD con mucha determinación y ganas de reorganizar y reescribir tu historia, como si fuera el grito de libertad de alguien que sale de la condición de espectador pasivo, entra en el teatro de la mente y proclama: "Yo escribiré el guion de mi vida".

Pacto del Yo para ser un consumidor emocional responsable

Somos consumidores emocionales irresponsables. Compramos lo que no construimos, producimos o elaboramos, como ofensas, frustraciones causadas por los demás, críticas injustas, *bullying*. Utilizamos la técnica DCD contra los grandes focos de tensión, pero ¿qué hacer con las pequeñas basuras mentales, los pensamientos pesimistas, las ideas sobre el futuro sombrío y los pequeños conflictos sociales tan constantes en nuestro día a día? No es necesario usar un cañón para eliminar una mosca. ¿Cuánta energía gastaríamos utilizando la DCD con pequeños estímulos estresantes? En esos casos, hay otra herramienta muy eficiente: el pacto del Yo como consumidor responsable. Tú tienes una preocupación vana o una idea fija en relación con un síntoma o enfermedad; si no es nada grave, deja que suceda. No necesitas confrontarla con la técnica DCD. Tu Yo debe entrar en escena, adquirir consciencia de que no es nada grave y elaborar en tu mente: "No hay nada grave en lo que tengo. ¡No voy a consumir esos tontos pensamientos!".

El pacto del Yo es mucho más poderoso y eficaz que intentar olvidar, distraerse o negar un pensamiento perturbador o un problema. Es un pacto con uno mismo para permanecer libre, sereno y tranquilo en cada momento de la vida, para no comprar la basura ajena, las ofensas, los rechazos, las groserías. Esta técnica gasta poca energía mental, pero es eficiente para descontaminar el cerebro.

El pacto del Yo nos permite ser sociables y generosos, sabiendo al mismo tiempo que vivir en sociedad produce tempestades imprevisibles. Hacer un pacto serio con uno mismo para no admitir ofensas, rechazos, nimiedades ni habladurías de manera irresponsable es liberador. Pero ¿cómo?

Aprende a reírte de tus pensamientos insustanciales, búrlate de tus preocupaciones y neurosis, proclama en voz alta:

- "Esa crítica o conflicto no me pertenece."
- "No necesito quedarme con la basura de los demás."
- "Esa enfermedad es de alguien más, y no mía."

Proclama tus puntos fuertes: nadie es perfecto, somos seres en construcción. Proclama ser libre. Aprende a elegir sabiamente las batallas mentales que debes librar.

La mesa redonda del Yo

En la mesa redonda del Yo podemos actuar con calma, reflexionar, analizar y discutir las crisis fóbicas, las reacciones ansiosas, los conflictos con las relaciones, los desafíos. No sólo se reedita la película del inconsciente, sino que el objetivo principal es construir ventanas *light* paralelas alrededor del núcleo traumático, para neutralizar el poder de una ventana traumática o *killer*, y para que el Yo logre manifestar, en los focos de tensión, lucidez, coherencia, autonomía, en fin, que sea capaz de ser líder de sí mismo y autor de su propia historia.

Con la técnica de la mesa redonda, tu Yo dejará la condición de ser espectador pasivo para ser el autor de su propia historia. No es posible ser autores de nuestra historia, gestionar nuestros pensamientos, administrar nuestra emoción, obtener una buena calidad de vida, si no tenemos el valor y la capacidad de establecer un debate íntimo y transparente con nuestros problemas y revisar nuestros caminos.

La mesa redonda del Yo es un paso más allá de la técnica del DCD. Es más profunda, serena y prolongada. Debe practicarse fuera de los focos de tensión, para reeditar las ventanas *killer* que atormentan la mente y encarcelan el Yo.

Para dar un ejemplo: la timidez, tan común en la actualidad, es causada por un conjunto de experiencias psíquicas que sobrevaloran la opinión ajena, la crítica social y la imagen que la sociedad tiene de la persona. Esas experiencias se archivan y generan ventanas enfermizas.

Al enfrentar nuevos ambientes, desafíos y reuniones sociales, las personas tímidas abren esas ventanas, que bloquean su inteligencia y, en ciertas ocasiones, generan síntomas psicosomáticos, como manos frías, taquicardia, sudor excesivo. Los tímidos hablan poco, pero piensan mucho y gastan energía biopsíquica en exceso, lo cual genera fatiga, ansiedad y aprensión. Aunque piensen mucho, la construcción de pensamientos no está dirigida a crear un diálogo interno. Si practicaran por seis meses la mesa redonda del Yo asociada a la técnica DCD, con ejercicios intelectuales diarios que duden de su imagen enfermiza de la sociedad, que critiquen el sentimiento de vergüenza, que cuestionen la hipersensibilidad ante la opinión ajena, encontrarán la tan anhelada libertad. Reeditarán sus principales ventanas enfermizas y construirán sólidas ventanas paralelas que contienen audacia, seguridad y determinación.

La mesa redonda del Yo no es simplemente concebir pensamientos en el silencio de nuestra mente. Pensar, todo el mundo piensa. Y mucho. Aquí se trata de pensar construyendo un debate íntimo. Esa herramienta de calidad de vida puede utilizarse como técnica psicoterapéutica y psicopedagógica. Psicoterapéutica porque nos hace superar la ansiedad, el estrés y otros trastornos mentales. Psicopedagógica porque expande la inteligencia, nos convierte en pensadores y previene las enfermedades psíquicas.

La mesa redonda del Yo consiste en el debate crítico con los bloqueos, las frustraciones, las crisis, las perturbaciones, los sueños, los proyectos. En ese debate, planteamos silenciosamente una batería de preguntas: "¿Dónde? ¿Por qué? ¿Cómo? ¿Cuándo? ¿Cuáles son los fundamentos? ¿Vale la pena? ¿Ése es el camino?".

Por ejemplo, una persona que sufre una crisis de ansiedad —caracterizada por miedos súbitos, vértigo, inquietud, dolores de cabeza, taquicardia, etcétera— puede ser controlada por esa crisis ansiosa o retirarse y comenzar a debatir con ella. Al hacer una mesa redonda, la persona critica, reflexiona y cuestiona sus miedos, preocupaciones, los motivos que la hacen sufrir esa crisis, y lo hace con seriedad. Se pregunta: "¿Cuál es la lógica de mi crisis ansiosa? ¿Qué factores estresantes la desencadenaron? ¿Estoy sufriendo por lo que todavía no ha sucedido? ¿Me estoy exigiendo de más? ¿Cuándo comenzó todo?". Así como se realiza diariamente la higiene bucal y corporal, la higiene mental debe también efectuarse con constancia, para que podamos reeditar las ventanas o construir ventanas paralelas que sean capaces de neutralizar la ansiedad. Ruego para que entrenes diariamente tu Yo como gestor emocional e intelectual en los focos de tensión.

Si no aprendes a conversar contigo mismo, aunque te tachen de loco, si no tienes conversaciones inteligentes y serenas con los fantasmas de tu mente, si no le das un golpe de lucidez a tus preocupaciones y a tus pensamientos asfixiantes, si no reciclas tus emociones tensas, ansiosas y depresivas, no sabrás lo que es ser, como mínimo, autor de tu propia historia.

Jamás seremos autores plenos, pero nunca deberíamos desentendernos de los capítulos más importantes de nuestra vida. Tú no eres responsable de padecer fobias, ansiedad, pesimismo, impulsividad; pero sí eres responsable de reciclarlos y de no permitir que se aniden en tu mente.

PARA RECORDAR SIEMPRE:

Intentar desviar la atención o distraerse para superar el estrés y los conflictos es la perla de las técnicas utilizadas por el Yo. Aunque la mayoría de las personas recurre a ellas tienen un bajo nivel de eficiencia. Por desgracia, millones de individuos que han sido víctimas de bullying, *sufrieron pérdidas, traiciones y rechazos o atravesaron por crisis depresivas y ansiosas, intentaron usar esas técnicas y fracasaron. Las técnicas como* DCD *(dudar, criticar y determinar) y la mesa redonda del Yo son mucho más eficaces.*

Las personas que expresan todo, que no se guardan nada, que dicen ser siempre sinceras, en realidad tienen una gran falta de autocontrol. Lastiman a los demás con la intención de aliviar su propio dolor. Una persona que no traza un mapa de su irritabilidad, su intolerancia, su infantilismo, sus miedos, en fin, sus conflictos, se los lleva a la tumba. Las personas que no tienen el valor de adentrarse en las capas más profundas de la personalidad perpetúan sus cárceles mentales y sus ventanas killer quedan intactas. Esas personas tendrán miedo del futuro y se verán atormentadas por sus fantasmas mentales.

Capítulo 8

LAS CRUELES CONSECUENCIAS DE LA INTOXICACIÓN DIGITAL: SOLUCIONES Y ORIENTACIONES

Ante lo que he expuesto en esta obra sobre la intoxicación digital y cómo enfrentar el mal del milenio, quiero hacer una síntesis de los desastrosos tiempos que el mundo digital ha traído consigo, sin dejar de destacar que han existido beneficios innegables en el aumento de la productividad, en la democratización de la información y en el incremento de la sociabilidad. Pero los efectos colaterales superan en mucho las ganancias. La Edad Media fue la era de las tinieblas, en la que se quemaron los libros, imperó el radicalismo y se desaceleró la evolución de Europa.

Hoy, todo está más colorido por fuera, pero hemos entrado en la era de las tinieblas mentales: se ha previsto que más de cuatro mil millones de seres humanos, la mitad de la población mundial, tiene o va a desarrollar un trastorno psiquiátrico a lo largo de su vida; en esta previsión no se incluyen el síndrome del pensamiento acelerado y el síndrome de intoxicación digital, que expanden esas cifras de manera explosiva. Y es probable que ni siquiera 1 por ciento de esas personas buscará tratamiento, ya sea porque es costoso, porque faltan profesionales calificados de la psiquiatría y la psicología, o bien porque las personas niegan o no son conscientes de que están emocionalmente enfermas.

En estos tiempos modernos, ha aumentado la producción de alimentos (aunque por desgracia 800 millones de personas todavía viven por debajo de la línea de pobreza), los derechos humanos se han generalizado, se han creado vacunas, la medicina ha dado saltos fascinantes, llevándonos de mil millones de habitantes a más de ocho mil millones en menos de un siglo. Pero lamentablemente no existe una relación lineal entre la abundancia de alimentos, el acceso a la educación, los avances en la medicina y la formación de mentes libres, saludables y pensadoras. Aún hoy hay infantes que trabajan en condiciones de esclavitud, que es necesario combatir rigurosamente, pero hay muchos infantes cuyas mentes son esclavas del trabajo digital —hijos de millones de familias que viven en buenos hogares—, pero del cual poco se habla, aunque sea tan devastador para la evolución de la personalidad. Los derechos de las mujeres, como igualdad de oportunidades y de salarios cuando desempeñan las mismas funciones que los varones, deben ser respetados, pero hay cientos de millones de personas, la mayoría mujeres jóvenes, que viven bajo el patrón tiránico de la belleza, que es extremadamente cruel. Éxito por fuera y fracaso por dentro. Estamos en la era de las tinieblas mentales.

Mi grito de alerta es porque las eras de las tinieblas mentales que señalaré, si no se identifican, enfrentan, reciclan, combaten, podrán comprometer el futuro de nuestra especie, la viabilidad de la familia humana, pues asistiremos cada vez más a una cruel expansión del radicalismo político, del autocastigo y la automutilación, de la necesidad neurótica de poder, de la necesidad enfermiza del reconocimiento social, del estado de ánimo triste, del aumento en el número de suicidios, de la incidencia del cáncer, enfermedades psicosomáticas, problemas ambientales, disputas globales e inseguridad alimentaria. Sin la formación de un Yo libre y saludable, podemos generar una masa de jóvenes que serán incapaces de dar respuestas inteligentes y humanitarias a nuestros desafíos emocionales y globales. Las eras de las tinieblas están en marcha y van aumentando en volumen, pero espero que la mía no sea una voz solitaria que las denuncie en el teatro de la humanidad; sueño con que cada vez más haya un número cada vez mayor de médicos, educadores, psicólogos, sociólogos, religiosos, políticos, padres y jóvenes que las señalen.

LA ERA DE LOS ALTOS ÍNDICES DE GEEI Y DE LAS MENTES ANSIOSAS

Estamos en la era del gasto de energía emocional inútil (GEEI), que se manifiesta como mentes estresadas, ansiosas, irritadas, intranquilas, que despiertan cansadas. Millones de niños y adolescentes, así como adultos, son víctimas del sufrimiento por el futuro, de estar rumiando los resentimientos, del aumento de la expectativa de ser feliz y realizado, de la híper preocupación, de la alodoxafobia (miedo de la opinión, anulaciones y críticas ajenas) exacerbada, de la glosofobia (miedo hablar en público), de las autoexigencias, de los síndromes de las narrativas. Y los altos índices de GEEI se han disparado en este siglo por la intoxicación digital, que agota el cerebro de manera colectiva.

El alcohol y el tabaco son drogas socialmente aceptadas y comercialmente libres, aun cuando maten diariamente a innumerables personas. El exceso de uso de dispositivos digitales es también una droga socialmente aceptada y comercialmente libre e incentivada, aunque cause innumerables trastornos emocionales y traiga consigo crisis de ansiedad, depresión, autocastigo, pérdida de la autonomía, provocados por una comparación cruel de un usuario digital.

Recuerden siempre que la intoxicación digital altera la velocidad de los actores coadyuvantes en el teatro de la mente, dispara el gatillo de la memoria, abre una cantidad innumerable de ventanas e impide que el ancla emocional no se afiance con el fin de generar enfoque y atención, pues está en un estado de frenesí. Este complejo proceso, difícil de comprender para quien no ha estudiado los bastidores de la mente del *Homo sapiens*, acelera peligrosamente la construcción de pensamientos, provoca inquietud y dificulta la concentración y la cognición o el desarrollo de amplios aspectos de la intelectualidad, como el pensamiento estratégico, sintético, deductivo e inductivo. El ser humano piensa muchísimo en la actualidad, pero sin gestionar sus pensamientos; esto produce una bomba cerebral que agota más que el arduo trabajo físico de tres, cuatro o diez personas.

La era de la soledad y del aburrimiento y, en consecuencia, del abandono de sí mismo

La soledad suave es un boleto de pasaje para navegar dentro de nosotros mismos, pero la soledad intensa y tóxica es altamente destructiva. La soledad suave genera una ansiedad saludable que nos lleva a buscarnos, a interiorizarnos, a conocernos, a reinventarnos y a enamorarnos de la vida. Destruir esa soledad suave, inherente a la psique humana, como quieren millones de jóvenes, es derruir la entrada a la dirección más importante, la que está dentro de uno mismo. Por su parte, la soledad tóxica es devastadora, genera una ansiedad intensa que nos lleva a sentirnos solos en medio de la multitud, desconectados de las familias y de los compañeros de escuela, aunque haya apoyo y aplausos. La mente "miente" al decirnos que el aislamiento nos aleja de los estresores sociales, de las críticas, de los prejuicios. ¡Grave error! Sus mentes no les dan descanso, producen fantasmas mentales y aumentan con fuerza el índice GEEI.

En Japón, más de 500 mil personas, la mayoría jóvenes, no salen de casa, no practican deportes, no visitan a sus familias, no participan en las fiestas, no frecuentan restaurantes, no socializan. Viven encarceladas por una soledad tóxica liderada por la demofobia, el miedo de estar en público, que es más destructiva que la glosofobia, el miedo de hablar en público, que afecta a 75 por ciento de las personas.

El aburrimiento es inevitable. Nadie vive ilusionado, motivado, haciendo cosas interesantes todo el tiempo. Así como la soledad suave, el aburrimiento suave genera una ansiedad saludable que nos lleva a buscarnos y a reinventarnos. Al evitar la soledad y destruir el aburrimiento suave, como quieren millones de niños, jóvenes y adultos —en especial para evitar la ansiedad que, también cuando es suave, es muy saludable— lo único que se logra es que esas personas no naveguen dentro de sí mismas y sean inmigrantes incómodos en la nación de su emoción.

Ejercitar a nuestro Yo a permanecer menos tiempo enlazado a los dispositivos digitales y más tiempo conectado al mundo real, incluido nuestro mundo psíquico —aunque genere aburrimiento y soledad— es esencial para ser personas calmadas, resilientes, proactivas.

Hay innumerables chinos, japoneses, indios, africanos, europeos, estadunidenses, que no pueden quedarse sólo diez minutos consigo mismos, sumergiéndose en su interior, desconectados de los celulares y de otras actividades. No saben enamorar a la vida, no saben crear una historia con su salud emocional. Viven en la era de las tinieblas mentales, en la que se intenta evitar el aburrimiento y la soledad; viven en la era del abandono de sí mismos.

Entrénate para no permanecer en la era de las tinieblas del aburrimiento, de la soledad y del abandono de ti mismo. Comienza a dialogar contigo durante cinco minutos ciertas veces por día, explorar tus sueños reprimidos, aquietar tu mente, dudar de todo aquello que te controla, percibir que tu propia existencia es un fenómeno insondable, desconocido.

Entrénate también para liberar tu mente creativa y estratega para salir de sus conflictos. Entrénate incluso para explorar el mundo intelectual y emocional de quienes te rodean, mantener conversaciones agradables, ligeras y a veces profundas sobre la vida, para ser capaz de apreciar el universo increíble de tus hijos, esposa, marido, padres, amigos.

Así, conocerás en detalle la sala de la inmensa casa de su personalidad.

Para encontrar el punto satisfactorio de la gestión de la emoción, es necesario abandonar los métodos mágicos y superficiales e iniciar la educación y el entrenamiento diarios, pero recuerda que no existe un equilibrio perfecto ni personas perfectas, mucho menos cerebros sin estrés. Lo que existe son personas que saben emplear a diario técnicas de gestión de la emoción, aunque las hayan aprendido intuitivamente, para equipar a su Yo con la finalidad de salir del público como espectador pasivo y convertirse en líder de sí mismo. Han encontrado las llaves para tener una historia de amor con su calidad de vida y sus relaciones interpersonales.

No hay mentes impenetrables, sino llaves equivocadas.

La era de la información y no del Yo como gestor de la emoción

Otra era de las tinieblas mentales se manifiesta en esta paradoja educativa enfermiza y absurda —ejercida en todo el mundo, incluso en las mejores universidades—: estamos en la era de la información y no en la era del Yo como gestor de la mente humana. Aprendemos millones de datos sobre el mundo que habitamos, del átomo diminuto al inmenso espacio, pero casi nada sobre el mundo que somos, nuestro planeta mente y emoción.

Aprendemos matemáticas, en donde dividir es restar; pero, en las matemáticas de la emoción, dividir —en el sentido de compartir, nuestros dolores y conflictos— aumenta la capacidad de solución. Aprendemos idiomas para comunicarnos con los demás, pero no para hablar con nosotros mismos, para debatir en una mesa redonda con nuestros fantasmas mentales. Aprendemos física, en la cual una acción genera una reacción; pero, en la física de la emoción, el binomio acción-reacción, golpe-contragolpe, construye una impulsividad que conlleva consecuencias desastrosas. Recuerda el "heroísmo" que escucho con frecuencia: "Doctor Cury, yo no llevo conflictos a la casa". Yo respondo: "Claro, eres un desequilibrado". No llevas los conflictos a la casa física, pero abarrotas de basura tu casa mental y también la mente de los demás, pues el biógrafo del cerebro —el fenómeno RAM— es implacable: registra poderosamente tu impulsividad, tu descontrol, tu falta de pacificación; te asfixia y le quita el oxígeno de la libertad a aquellos con quienes convives. La impulsividad es una de las mayores ladronas de la tranquilidad y de la libertad de nuestros hijos.

No les tengas miedo al estrés, a los problemas y conflictos; ten miedo de no equipar a tu Yo para detenerse, respirar, interiorizarse y de no utilizar las tensiones, los problemas y conflictos para crecer. No tengas miedo de los desafíos, ten miedo de no abrir un abanico de respuestas inteligentes en situaciones estresantes. No tengas miedo de los errores y de las decepciones que te causan los demás, ten miedo de educar a tu Yo diariamente para no ser pacífico, a comprar lo que no le pertenece, a no ser empático ni líder de sí mismo. Pues si no eres el autor de tu historia, de ninguna manera podrás estimular a quien te decepciona para que piense críticamente; no podrás ser un calmante natural para tu pareja, tus hijos y alumnos.

¿Tú eres un calmante natural o una fuente de ansiedad para quien amas?

Nadie cambia a nadie. Tenemos el poder de empeorar a los demás, pero tu Yo puede impulsar delicadamente los procesos de cambio en ellos. Sin embargo, si eres un tractor emocional, pasarás por encima de todos. La gran mayoría de los padres, educadores y ejecutivos nunca fueron agricultores, nunca condujeron un tractor, pero, en su casa, escuela o empresas, ellos mismos son tractores que atropellan todo y a todos. Convivir con ellos no es tarea fácil, y muchos, a pesar de que han creado un infierno emocional, se creen santos.

No tengas miedo de la vida, ten miedo de no vivirla de manera inteligente. No tengas miedo de ser quien eres, ten miedo de no conocerte. Quien no reflexiona sobre su historia lleva sus conflictos a la tumba. No tengas miedo de los capítulos dramáticos, ten miedo de no usar "comas" para escribir los textos más nobles en tus días más tristes.

Sal de la era de la información y dirígete a la era del Yo como gestor de la emoción.

Desarrolla los códigos de la salud emocional, recordando que cada día es un día de entrenamiento, que cada falla debe considerarse como una oportunidad para reinventarse.

Aprender a bailar el vals de la vida con la mente flexible es un brindis en honor a la salud mental, la creatividad y la proactividad.

La era de los mendigos emocionales

Una de las denuncias más importantes que he manifestado en mis libros —publicados en más de setenta países— no es sólo que estamos en la era de las tinieblas de la asfixia de la gestión de la emoción, sino también que vivimos en la era de los mendigos emocionales. La era de la intoxicación digital ha llevado a que las emociones se sobreexciten cuantitativamente pero no cualitativamente. Nos arroja millones de imágenes y datos, pero con poca relevancia emocional y casi no promueven la paciencia, la generosidad, la tranquilidad.

La avalancha de imágenes, datos, información, sonidos, satura la corteza cerebral, por lo que niños y adultos de las más diversas naciones necesitan muchos estímulos para sentir migajas de placer. Desde el punto de vista psiquiátrico-psicológico, rico es quien hace mucho con poco; mendigo emocional es quien precisa de mucho para sentir poco. Quien requiere muchos aplausos, reconocimientos, *likes* y visualizaciones para sentir míseras experiencias de placer se ha empobrecido en el único lugar donde debería ser rico: el territorio de la emoción.

La exacerbada cantidad de estímulos que provienen del mundo digital es insoportable para la mente humana; la asfixia, incluso si los datos no son críticos, negativos, pesimistas, comparativos. Ese aluvión de información expande la preciosa MUC (memoria de uso continuo), que es el centro consciente de la mente humana y que, en consecuencia, está detrás de las respuestas, las reacciones, las estrategias y los más diversos diálogos inherentes a la convivencia humana básica. Si el volumen de la MUC aumenta, el riesgo de la híper aceleración de los constructos mentales es altísimo, y esto genera una ansiedad disfuncional destructiva, diferente de la ansiedad vital saludable, aquella que motiva los sueños, la sociabilidad y la interiorización. Dicha ansiedad disfuncional, si es intensa —y lo ha sido—, da origen a una incapacidad de contemplar los estímulos suaves, ligeros, que provocan un placer estable y profundo; así se generan los mendigos emocionales.

Es triste ver a los mendigos físicos, que deambulan por la calles sin techo ni protección emocional. Es tristísimo ver a mendigos emocionales viviendo en bellas casas y departamentos. Se trata de un tema rara vez comentado, pues se ignora. No obstante, después de mis denuncias —manifestadas en los libros, el teatro y cine—, los médicos, maestros, magistrados, padres, están comenzando a hablar de ese tema, delicadísimo e importantísimo. Tú vives al lado de mendigos emocionales (hijos, alumnos, compañeros) y no lo sabes. Su mendicidad se manifiesta como irritabilidad, impaciencia, inquietud, agresividad, timidez, aislamiento social, exceso de exigencias, pero eres incapaz de identificar el problema. Tal vez seamos mendigos emocionales, pues necesitamos muchos estímulos para obtener migajas de placer, y no percibimos la tierra arrasada de nuestra emoción.

Cierta vez, cuando di una entrevista a la revista *Forbes*, escandalicé a muchos lectores al afirmar que hay muchos billonarios que son miserables viviendo en palacios. Al comienzo de su jornada, los pequeños eventos, riesgos y desafíos les encantaban, los pequeños éxitos les seducían, pero con el tiempo el éxito llamó a su puerta de manera estruendosa, se adentraron en la caja negra del fenómeno de la psicoadaptación, comenzaron a necesitar cada vez más estímulos para conseguir migajas de placer. Multimillonarios en términos monetarios, pero mendigos emocionales, endeudados hasta la coronilla en el banco de la emoción.

La emoción es implacable, necesita ser entrenada para contemplar las pequeñas cosas con el fin de ser feliz.

La emoción es más democrática que la más democrática de las naciones. Quien hace mucho con poco se llena de placer; quien necesita mucho para sentir poco se convierte en un miserable. Tener mucho éxito financiero y fama, reafirmo, puede destruir la salud emocional, generar cárceles mentales, sobre todo si lleva a cabo una búsqueda irrefrenable y ansiosa por mantener el éxito y los escaños más altos de la fama. Solamente el Yo, si está equipado y entrenado diariamente para hacer de las pequeñas cosas un espectáculo a los ojos, aprender o reaprender a contemplar lo bello, puede ser la clave para salir de ese calabozo. Y hay más misterios entre contemplar y admirar lo bello de lo que imagina nuestra pobre psicología.

Hitler admiraba lo bello, acariciaba a su perra Blond y a su camada de cachorros, pero no penetraba en las capas más profundas de la mente humana. Con una mano acariciaba a su mascota, pero con la otra enviaba a niños y a adultos a los campos de concentración. No sólo fue uno de los psicópatas más grandes de la historia, sino también uno de los líderes más repugnantemente paradójicos que jamás hayan existido. Hitler era vegetariano, no quería que los animales sangraran, pero no le importaba que los jóvenes alemanes se desangraran en una guerra insana ni que los judíos y otras minorías murieran de manera indescriptible. Entre lágrimas escribí la novela psiquiátrico-sociológica *El coleccionista de lágrimas. Holocausto, nunca más*, y la redacté en forma de tratado, pues agregué innumerables referencias durante la construcción de la narrativa.

En esos días estaba con mi querido nieto, Augusto, de ocho años, a quien amo muchísimo, entrenando a su Yo para prevenir la era de los mendigos emocionales. Mi objetivo era afinar su mirada contemplativa. Paseábamos en auto por la ciudad y le pedí que señalara los árboles que le parecieran más bellos. Él aceptó el juego y comenzó a indicar innumerables árboles. Entonces le dije que los árboles son los seres más altruistas de la naturaleza, los más generosos, siempre están con los brazos abiertos para que los animales descansen ahí y los pájaros reposen. Por la mañana, los pájaros levantan el vuelo sin agradecer, pero los árboles siguen con los brazos abiertos. Y completé diciéndole que deberíamos ser como ellos. Abrir siempre los brazos a las personas, aunque ellas se marchen y no nos lo agradezcan. Él sonrió y comentó: "Vaya, yo quiero ser como ese bello árbol de ahí...". Hace pocos días le dije que viéramos una película juntos, pero él comentó: "Apaga el televisor, abuelo, quiero aprovecharte al máximo". El niño Augusto Cury también enseña al abuelo Augusto Cury gracias a su empatía y su perspicacia.

El maestro, cuando enseña bien,
también aprende de sus alumnos.

Es más feliz y líder de sí mismo quien se da más y exige menos. Él quedó emocionado. Y después finalicé reflexionando sobre los miles de personas que pasaron frente a aquellos árboles sin contemplar sus troncos carcomidos, retorcidos, rugosos, que superaron las dificultades de la existencia. Sin observar sus ramas bellamente distribuidas y sus miles de hojas danzando al son de la orquesta del viento. Contemplamos lo bello, fuimos mucho más allá de admirar lo bello. Entrena a quien amas a adentrarse en sí, a corregir la miopía emocional y hacer mucho de poco. Esta técnica de gestión de la emoción puede ser más poderosa para la salud mental que mil consejos vacíos o miles de críticas.

Muchos tienen jardines en sus casas, pero no tienen tiempo que dedicar a las flores. Muchos tienen novios, maridos, esposas, hijos, padres, pero viven en la superficie de las relaciones, no contemplan lo bello que está dentro de ellos. Hacen fiestas de cumpleaños y dan regalos en fechas especiales, los admiran, pero no los contemplan, no penetran en las capas más profundas. Si los contemplaran, darían flores o regalos, aunque no tuvieran un valor monetario, y fuera de las fechas especiales. Distribuirían diez veces más elogios que críticas. Y cuando la crítica se hiciera necesaria, usarían la preciosa e intensa herramienta de gestión de la emoción: elogiar a quien se equivoca, para después comentar sobre su error.

Si aprendiéramos el arte de contemplar lo bello y entrenáramos a quien amamos a hacerlo, los niños, los jóvenes y los adultos no gravitarían en la órbita de la felicidad artificial y del éxito superficial de la era digital. Pero nunca lo olvides: en la psique humana no existe la jubilación, pues no se dejan de producir fantasmas mentales, preocupaciones y estreses. La jubilación es el comienzo del fin. Tú puedes jubilarte del trabajo, pero no puedes jubilar a tu Yo para laborar en la segunda jornada, la jornada del corazón, en donde el arte de contemplar lo bello es primordial.

El entrenamiento emocional es para toda la vida, pues, como no hay cielos sin tempestades, se puede perder el terreno de la salud mental si el Yo no abre poco a poco su poder de ser director del guion, agente autónomo, autor de su historia...

Por eso uno puede enfermarse en cualquier etapa de la vida, incluso habiendo tenido una infancia y una adolescencia tranquilas y felices. Pero hay una gran esperanza. También se puede entrenar la gestión de la emoción, educar y equipar al Yo para fortalecer la salud mental y las habilidades socioemocionales con el fin de hacer de nuestra historia, a pesar de sus inviernos, una bellísima primavera, un espectáculo único e imperdible. ¿Estás dispuesto? No digas rápidamente que sí. Se requiere entrenamiento, más entrenamiento, más educación.

UNA ORIENTACIÓN SOBRE EL USO DE LOS DISPOSITIVOS DIGITALES

- Los bebés jamás deberían tener contacto con los dispositivos digitales. Los bebés y los niños pequeños se irritan, hacen berrinches, se estresan, pero eso forma parte de la evolución de la personalidad. No quieran asfixiar su emocionalidad con las imágenes de los dispositivos, que se despliegan rápidamente. Ésa es una estrategia inadecuada para calmarlos y en el futuro expandirá su ansiedad. No usen celulares ni tabletas para tranquilizarlos a la hora de comer. Si quieren tener hijos obedientes y siempre tranquilos, están buscando robots. El problema no está en la irritabilidad de los pequeños, sino en la impaciencia de los padres. Hagan fiestas, bailen, jueguen, sean divertidos, no intolerantes.

- Los niños de hasta siete años rara vez deberían usar dispositivos digitales. En especial, deberían ser estimulados para jugar, crear, hacer amigos y hacer del aburrimiento una oportunidad para reinventarse y de la soledad una manera para interiorizar en ellos. Tener contacto con la naturaleza, cuidar de animalitos y practicar el placer de sembrar plantas contribuyen en gran medida a la desaceleración de los pensamientos y de la agitación mental. Observar, junto con ustedes, la anatomía de las flores, la resiliencia de los troncos carcomidos, la danza de las hojas al sonido de la orquesta del viento es un entrenamiento excepcional de contemplación de lo bello y del placer de vivir. Cuando los hijos se quejan de que "no hay nada que hacer en esta casa" es porque ya tienen aversión al aburrimiento y a la soledad. Pero no se preocupen, rechazar la rutina forma parte del espectáculo de la vida, y en la fastidiosa rutina habrá momentos de ansiedad y deberán aprender a controlarla, practicando y construyendo juegos. Los celulares y las tabletas son los mayores ladrones de la infancia y de la inocencia de los niños. Sus hijos deben aprender a vivir su infancia; tener infancia no es sólo sentir placer, sino también lidiar con el estrés inherente a la vida.
- Los niños de siete a diez años deberían tener, como máximo, una o dos horas por semana para acceder al mundo digital. Enseñarles a practicar deportes contribuye mucho a desconectarlos de éste. Competir saludablemente e interactuar positivamente son metas fundamentales. Es indispensable crear un ambiente nutrido por el diálogo

y la transferencia del capital de las experiencias. Los padres que hablan de sus desafíos y crisis del pasado enseñan a sus hijos a no tener miedo del camino, pero sí a tener miedo de no caminar. Esta paradoja es muy triste: los padres hablan mucho con sus hijos cuando éstos no saben conversar, pero se callan cuando ellos aprenden a hablar.

Los preadolescentes y adolescentes deberían tener, como máximo, una hora diaria para estar conectados. Y deberían hacer elecciones: menos redes sociales y más mensajes saludables, juegos educativos y comunicación con su red de amigos. Otra advertencia: los padres o los hijos no deberían usar dispositivos digitales los fines de semana —a no ser por teléfono— ni en la mesa durante la comida o la cena. Eso es un crimen contra la salud de las relaciones sociales. Otra tristísima paradoja: los padres mantienen el buen humor cuando sus bebés no entienden la broma, el pensamiento inductivo y deductivo —una sonrisa los emociona—, pero dejan de tenerlo cuando los chicos llegan a la adolescencia.

Los padres admirables no regañan ni critican, sino que celebran los aciertos. Tal vez sus hijos no los oigan porque ustedes les parecen aburridos. Recuerden que quien corrige dos veces a los hijos sobre la misma cosa diariamente es un poco aburrido; tres veces, es muy aburrido; y cuatro veces o más, es insoportable. Tú puedes exclamar: "¡Ay, Dios mío, mis hijos no me soportan!". Y probablemente ellos tengan razón, tú puedes ser insoportable. No es que ellos sean difíciles y rebeldes; muchas veces el problema radica en ustedes, los padres, que usan estrategias equivocadas para conquistarlos. Las mentes rígidas no cautivan a los hijos y alumnos.

Si quieren tener una familia socialmente inteligente y emocionalmente saludable y feliz, es preciso pagar un precio. No hay cielos emocionales sin tempestades, no hay suelos mentales sin ansiedad. Educar es sembrar con sacrificios, amar con paciencia y cosechar con perseverancia.

Nunca renuncies a tus hijos. Ellos representan la más encantadora, desafiante experiencia del teatro de la existencia.

CONCLUSIÓN

Muchos piensan: "Yo no soy una persona atractiva, no soy un buen alumno, voy a perder el empleo, mis hijos son inquietos, soy incapaz de cambiar mi historia". En la actualidad, hay millones de seres humanos verdaderamente debilitados, y no saben que esa debilidad surge porque hay miles de ventanas *killer* que dan sustento a las trampas mentales. Y también desconocen que la intoxicación digital, al haber alterado el ciclo de la dopamina y la serotonina, genera una fluctuación emocional enfermiza: en algunos momentos quieren darle la vuelta y cambiar su historia; en otros, pierden la energía y la motivación, todo se vuelve muy difícil.

Ellos observan la felicidad artificial de los *influencers*, el éxito fácil, la ropa impecable y la sonrisa falsa, publicados en Instagram, TikTok, Facebook, sin saber que no pocos de esos *influencers* están llorando por dentro o se sienten agotados mentalmente, y los comparan con su vida difícil derrumbándose todavía más.

Cuidar el cuerpo, ejercitarse, desarrollar masa muscular son muy buenos, pero el culto al cuerpo difundido en las redes sociales es un cáncer emocional. Muchos fotografían sus cuerpos musculosos, usan filtros, adoptan la mejor pose para impactar a los seguidores y tener el máximo de visualizaciones, pero prestan un exiguo servicio a quienes los siguen, pues no revelan que a veces registran altos índices de gasto de energía emocional inútil (GEEI), se exigen demasiado a sí mismos, sufren por anticipación y su mente está saturada de torbellinos de preocupaciones, pero los seguidores desconocen esos hechos. El culto al cuerpo oculta una felicidad artificial que propicia el patrón tiránico de belleza. Las estadísticas demuestran que hay cerca de 70 millones de personas que padecen trastornos de la alimentación, bulimia, anorexia y vigorexia, y una de las causas más importantes es ese patrón intangible y comparativo de la belleza.

Espero que formes parte de la revolución contra la intoxicación digital, contra el culto al cuerpo, el éxito artificial, contra el poder tiránico de la belleza producido por la industria de la moda, contra las empresas que sobrevaloran modelos desnutridas y a veces enfermas, según los patrones de la medicina. Como ya comenté, innumerables jóvenes padecen crisis de ansiedad, y algunos se automutilan en los baños de las escuelas para neutralizar su dolor.

Y, para finalizar, alerto una vez más: la necesidad neurótica de aprobación social, de visualización y de *likes* ha generado un cáncer emocional.

Sé ético, sé audaz y sé fiel a tu consciencia, pero no seas cautivo de la aprobación en las redes sociales.

Existe una metáfora acerca de la era de la intoxicación digital, en ella una manada de felinos quería escalar una torre muy alta, de 300 metros de altura. Una tigresa dijo orgullosamente: "Yo tengo 250 millones de seguidores, soy una estrella de la música". Un león rugió poderosamente: "Yo tengo 200 millones de seguidores, soy una gran celebridad del futbol". Un leopardo gritó confiadamente: "Yo soy comediante, tengo 100 millones de seguidores, soy el mejor de los mejores, pues registro más interacciones". A su vez, una pantera bramó: "Yo soy invencible, soy polémica, tengo 50 millones de seguidores, pero, como soy polémica, una especialista en llamar la atención de mis seguidores, tengo mayor interacción y gano más dinero, tengo mejores contratos". Y así, cientos de participantes continuaron en esta hoguera de las vanidades, del culto al ego, de la celebración de la estupidez. Pero no honraron a los seguidores que los alimentaban. Antes de la señal de salida, los grandes felinos se prepararon para escalar la torre. De repente vieron a un ratoncito esmirriado, pequeño, sin musculatura aparente, y que tenía una placa en las manos: "1 seguidor". Se murieron de la risa, se burlaron, lo criticaron, lo despreciaron. Enojado, él escribió en el reverso de la placa: "Menos un seguidor". Pues el ratoncito seguía a todos ellos. Más risas, más burlas, más desprecio. Al sonar la señal de salida, los grandes felinos comenzaron la escalada. Cuando algunos estaban llegando a la cima, el ratoncito dio un silbido. La torre se desplomó. Fue un desastre... Hubo muchos heridos, muchos frustrados. Los grandes felinos se preguntaron: "¿Un mísero silbido derrumbó todo?". El ratoncito comentó: "Sí, los millones de ratoncitos que sostenían la torre decidieron dejar de estar debajo de ella..."

No pertenezcas a la audiencia de quien no contribuye contigo. No te quedes debajo de la torre de quien proclama la dictadura de la belleza, el culto al ego, la necesidad neurótica de poder. Tú eres más fuerte de lo que imaginas en el mundo digital, pero no te intoxiques con él. La vida es un contrato de riesgo: las risas y las lágrimas, los éxitos y fracasos, los aplausos y abucheos forman parte de la vida diaria de cualquier ser humano.

Las herramientas de gestión emocional en la era de la intoxicación digital nos enseñan que "quien vence sin riesgos sube al podio sin gloria". Sólo quien está muerto no asume los riesgos. ¿Y qué si tú o yo fracasamos? ¡Comienza de nuevo cuantas veces sean necesarias!

La vida es un contrato de riesgo. Tenemos miedo de los desafíos, de los abucheos, de las crisis. Apaga tu celular los fines de semana, a no ser que lo necesites para el trabajo. Úsalo como teléfono. No quieras ser el *influencer* más increíble, ni quieras darles respuesta a todos, incluso en los mensajes que recibes. Sí, quieres ser el más feliz, tranquilo y relajado. A fin de cuentas, no tienes milenios para vivir. La vida es dramáticamente breve para vivirse y extremadamente larga para equivocarse. No te equivoques contigo mismo al dejar de contemplar lo bello y hacer de las pequeñas cosas un espectáculo para tus ojos. El mundo real está más allá del virtual. No te equivoques con quien amas. Es triste saber que millones de parejas sepultaron en vida a sus compañeros. Están cerca, están próximos, pero son incapaces de preguntar: "¿Dónde me equivoqué y no lo supe, qué puedo hacer para que seas más feliz?". No te equivoques con tus amigos sepultándolos en vida también, destinando tiempo para muchos en el mundo digital pero sin penetrar en sus capas más profundas. Elógialos diez veces más de lo que los criticas. No sepultes a tus padres, amigos y compañeros de trabajo en los suelos de tu corazón, por el exceso de uso de los celulares y de internet.

Soy sencillamente un gambusino en busca de oro en los suelos de la mente de los padres, hijos, maestros, alumnos, profesionales libres, trabajadores de las empresas. Un gambusino. No produzco el oro, sólo remuevo las piedras. Sé que hay oro dentro de ti, y espero humildemente haber removido algunas piedras...

Una vida sin sueños es un cielo sin estrellas, una mañana sin rocío, una mente sin creatividad. Sin sueños, los padres, educadores y profesionales de todas las áreas se convierten en zombis mentales, sin un propósito, sólo viven porque están vivos. Sin sueños ni desafíos, no estimulas a tu emoción para contemplar lo bello. Sé un soñador. Sueña con conquistar a tus hijos, con formar mentes brillantes, con educar pensadores y crear protagonistas capaces de ser empáticos y altruistas. Si sueñas, no tengas miedo de fallar. Si fallas, no tengas miedo de llorar. Si lloras, repiensa tu vida, pero nunca renuncies a ti mismo. Los débiles no se dan una nueva oportunidad ni tampoco a los demás. Los fuertes son pacientes. Lucha por tus sueños y jamás renuncies a las personas que amas.

Augusto Cury

Esta obra se imprimió y encuadernó
en el mes de junio de 2024,
en los talleres de Impregráfica Digital, S.A. de C.V.,
Av. Coyoacán 100–D, Col. Del Valle Norte,
C.P. 03103, Benito Juárez, Ciudad de México.